Sima Dourali und Soodabeh Durali-Müller

Persisch vegetarisch

Gedruckt auf
100% Recyclingpapier

Sima Dourali und Soodabeh Durali-Müller

Persisch vegetarisch

120 Originalrezepte der persischen Küche

Illustriert von Margret Schneevoigt

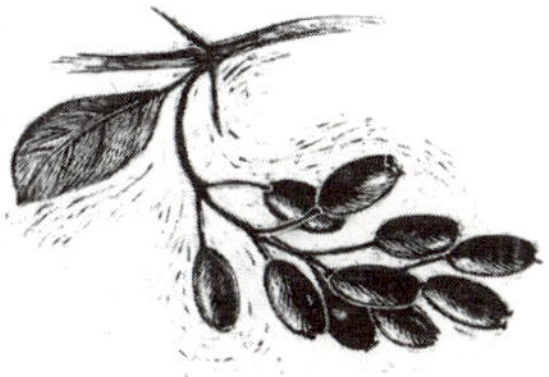

pala verlag

Unser herzlicher Dank geht an Thomas Müller. Ohne ihn wäre dieses Buch sicher nicht entstanden. Als wir die Idee zu diesem Kochbuch hatten, war er sofort Feuer und Flamme. Er hat uns motiviert und unterstützt, die Idee auch wirklich umzusetzen. Er hat an uns geglaubt, und das hat uns den Mut gegeben, unser Projekt anzugehen.

Besonders dankbar sind wir aber für seine Hilfe beim Formulieren und Redigieren unserer Texte. Mit seinem lockeren Stil hat er hierbei immer wieder den richtigen Dreh gefunden.

Darüber hinaus gilt unser Dank allen Freunden und Verwandten, die uns mit Tipps und Anregungen bei diesem Buch unterstützt haben, vor allem Alaleh Rayan-Köhler und Pooyeh Salar für schöne Fotografien, die als Illustrationsvorlagen dienten, und Mohammad Durali für die kunstvolle persische Schrift.

Inhalt

Orientalische Gaumenfreuden

Wer kann schon goldgelbem, nach Safran duftendem Reis widerstehen? Oder dem Duft einer Kräutersuppe, verziert mit in Butter gebratener Minze? Um gut persisch zu essen, muss man nicht unbedingt ins Restaurant gehen, die leckersten Gerichte findet man sowieso auf keiner Speisekarte, denn Perser essen am liebsten zu Hause. Dort wird zum Teil nach uralten Rezepten gekocht – seit Jahrhunderten von Generation zu Generation weitergegeben.

Am besten also, man besorgt sich in einem persischen, asiatischen oder türkischen Laden ein paar Kräuter, Gewürze und Früchte, und schon kann man mit etwas Vorbereitung ein fantastisches orientalisches Menü zaubern, das jeden Gast begeistern wird.

Essenzen der persischen Küche

Eine Fülle fein aufeinander abgestimmter Gewürze und Kräuter verwandelt auch einfache Reis- und Gemüsegerichte in orientalische Gaumenfreuden. Für ein persisches Essen benötigt man selten scharfe, dafür aber sehr aromatische Zutaten. Die Speisen sind leicht und bekömmlich, die Menüs enthalten eine ausgewogene Mischung aus Gemüse und Obst – in der traditionellen persischen Küche wird viel und gerne vegetarisch gekocht.

Wichtig sind dabei auch Kräuter – es werden wohl kaum irgendwo anders so viele Kräuter verwendet wie für persische Speisen. Die Kräuter helfen, das Essen gut zu verdauen, und regen den Appetit an. Beliebt als Vorspeise ist etwa ein Kräuterteller *(Sabsi Chordan)* mit Basilikum, Minze, Estragon, Radieschen, Frühlingszwiebeln und Kresse: Alles wird in handliche Portionen geschnitten und zusammen mit Schafskäse und Fladenbrot serviert. Gekocht geben Kräuter vielen Gemüsegerichten mit Sauce *(Chorescht)* ebenso wie einfachen Omelettgerichten *(Koukou)* ein unverwechselbares Aroma. Aufgrund der herausragenden Bedeutung frischer Kräuter in der persischen Küche gibt es in fast jedem persischen Wohnviertel einen Kräuterladen, wo man problemlos frische Petersilie, frischen Koriander, Dill, Thymian, unzählige Sorten Minze, Bockshornklee und Kresse bekommt.

Bild links: Yazd, Dolat-Abad-Garten

Vielfalt zwischen Wüsten und einer regenreichen Küste

Persien, der heutige Iran, umfasst eine Fläche von 1,7 Millionen Quadratkilometern und ist damit so groß wie Frankreich, die Schweiz und Großbritannien zusammen. Viele verschiedene Klimazonen sorgen für eine abwechslungsreiche Landschaft. Grund dafür sind die beiden Gebirgsketten Elburs und Zagros, die das innerpersische Hochland wie eine Zange umschließen und es auf diese Weise von den feuchten Luftmassen der Golfregion und des Kaspischen Meeres trennen. So haben sich im Zentraliran riesige Senken mit ausgedehnten Kies- und Salzwüsten gebildet. Dort jedoch, wo im Zentraliran Wasser aus den Bergen in unterirdischen Kanälen fließt, die zum Teil mehr als 2000 Jahre alt sind, gibt es viele fruchtbare Oasen. Sehr regenreich sind hingegen die Küstengebiete im Norden am Kaspischen Meer, tropisch heiß, aber wiederum trocken, die Küsten am Persischen Golf.

Diese klimatische Vielfalt lässt über 8000 Pflanzenarten gedeihen und garantiert ein reichhaltiges Angebot an frischem Obst und Gemüse zu jeder Jahreszeit. Im heißen Süden findet man Dattelpalmen und Bananen, im trockenwarmen Zentraliran Pistazien, Mandeln und Granatäpfel, im Nordosten des Landes gedeiht das Edelgewürz Safran, und im schmalen, aber regenreichen Küstenabschnitt am Kaspischen Meer wachsen Zitrusfrüchte aller Art, ebenso Feigen, Tee und Reis.

Saisonale Sorten Obst und Gemüse sind zur entsprechenden Jahreszeit im ganzen Land erhältlich, angebaut werden sie in unterschiedlichen Provinzen: Äpfel, Erdbeeren und Maulbeeren etwa in den etwas milderen Bergregionen im Norden, Nordwesten und Westen, Aprikosen, Kirschen und Melonen überall dort, wo es ausreichend Wasser gibt.

Persien – eine Jahrtausende alte Kultur

Persien – dieser Begriff beschreibt eine mehr als 7000 Jahre alte Kultur. Sie reicht von den ersten menschlichen Siedlungen über die großen persischen Könige der Antike wie Darius (5. Jh. v. Chr.) bis zum Beginn der modernen Wissenschaft mit Ibn Sina (Avicenna) im 10. Jh. n. Chr. oder zur Poesie eines Hafez im 14. Jh. n. Chr. und darüber hinaus.

Der Begriff »Persien« leitet sich von der zentraliranischen Provinz Pars (heute Fars) ab. Von dieser Region aus gründeten die persischen Könige der Antike ihr Reich, das sich von der westlichen Grenze Indiens über die heutigen Länder Pakistan, Afghanistan, Iran, Irak, Usbekistan, Turkmenistan und Türkei erstreckte. Persien war im Ausland seitdem die Bezeichnung für die Region zwischen Kaspischem Meer und Persischem Golf.

Die Perser selbst haben für ihr Land allerdings seit Jahrhunderten einen anderen Namen: Iran. Er stammt von dem Begriff Eran Schahr, was soviel heißt wie »Land der Arier«. Gemeint ist damit der Nomadenstamm der Arier, der vor über 3000 Jahren in das persische Hochland eingewandert ist. Im Jahre 1935 setzte der damalige Monarch Reza Pahlevi die Bezeichnung »Iran« international als offiziellen Namen für das Land durch. Persien steht also für eine Jahrtausende alte Kultur, Iran für den derzeitigen Staat und seine Politik.

Land mit vielen Völkern

Der heutige Iran ist wie das alte Perserreich ein Vielvölkerstaat, fast jede Volksgruppe hat ihre eigene Sprache sowie ihre eigenen kulinarischen Spezialitäten. Knapp über die Hälfte der etwa 70 Millionen Bewohner sind Perser, sie sprechen die iranische Amtssprache Farsi (Persisch), die zur indoeuropäischen Sprachfamilie gehört. Persisch ist daher nicht mit semitischen Sprachen wie Arabisch und Hebräisch verwandt. Die Schrift haben die Perser jedoch von den Arabern in der Mitte des 7. Jh. n. Chr. übernommen, zusammen mit dem neuen Glauben, dem Islam.

Im Nordwesten des Landes, an der Grenze zu Aserbaidschan und Armenien, leben vor allem türkisch sprechende Aserbaidschaner. Sie stellen ein Fünftel der heutigen iranischen Bevölkerung. Aufgrund des relativ kühlen Klimas bevorzugen die Bewohner in diesen Bergregionen eher nahrhafte und deftige Mahlzeiten, etwa Kräuter-Obst-Suppe (*Asch e Miweh*, Seite 72) oder Orangen-Möhren-Sauce (*Choröscht e Portegal*, Seite 82). Sie produzieren auch die beliebtesten Käsesorten des Landes. Dazu gehört der Tabriskäse, ein dem Feta ähnlicher Schafskäse.

Etwas weiter südlich, in der Grenzregion zur Türkei und zum Irak, liegen die Kurden-Gebiete. Dort befindet sich eine der Kornkammern des Landes, denn das dort herrschende gemäßigte Klima eignet sich gut für Weizen und Nüsse. Spezialitäten aus dieser Region sind Reiskekse *(Nan e Berendschi,* Seite 182) und Früchte-Nuss-Reis *(Adschiel Polo,* Seite 120).

Im Norden, direkt am Kaspischen Meer, leben die Masandaraner und Gilaner. Sie versorgen das ganze Land mit Reis und Olivenöl – Reis gibt es dort schon zum Frühstück. Bekannte Speisen aus dem Norden sind Auberginen mit Eiern und Knoblauch *(Mirsa Gasemi,* Seite 33) und Bohnen-Dill-Topf *(Bagalagatog,* Seite 78). Hügelige Teefelder, dichte Wälder und vor allem die Bademöglichkeiten locken viele Menschen aus dem trockenen Landesinneren und den Städten in den Ferien an diesen schmalen grünen Streifen am Kaspischen Meer.

Nur etwa drei Prozent der Bevölkerung sind Araber, sie leben vor allem am Persischen Golf. Gerichte mit scharfem Chili wie Koriander-Tamarinden-Sauce *(Galieh Sibsamini,* Seite 89) sind typisch für diese Gegend, im restlichen Iran aber weniger bekannt.

Die große Mehrheit der Iraner bekennt sich zum Islam. Doch es gibt auch etwa 250 000 Christen, 70 000 Juden und noch etwa 20 000 Anhänger der Lehre Zarathustras, also der Religion der alten persischen Könige.

Essen im Wechsel der Jahreszeiten

Kühle Winter und trockenheiße Sommer, dazwischen milde Frühlingstage und warme Herbsttage – dieses Klima prägt den größten Teil des Landes und sorgt das ganze Jahr über für viel Abwechslung auf dem Speiseplan. Wenn Ende März das persische Neujahrsfest Nourus (siehe Seite 55) gefeiert wird und das neue Jahr beginnt, kehrt Farbe in die persischen Gemüseläden zurück, und zwar vor allem grüne Farbe.

Die erste Frucht, die das Frühjahr begrüßt, ist die grüne, noch nicht ganz reife Mandel *(Chagale Badam),* gefolgt von grünen Renekloden, einer sehr beliebten Pflaumenart. In dieser Zeit macht der Duft von frischem Basilikum den Kräuterteller noch aromatischer. Mitte Mai genießt man zartsüße Maulbeeren, bevor Ende Mai aromatische Erdbeeren die Menschen daran erinnern, dass bald die große Hitze beginnt und man zuvor noch möglichst viele der köstlichen Früchte zu Konfitüre und Marmelade verarbeiten sollte.

Mit den ersten Sommertagen beginnt ein prachtvolles Farbenspiel in den Obst- und Gemüseläden: kleine rosarote Äpfel, die nach Rosenwasser duften, goldgelbe Aprikosen, die auf der Zunge zergehen, knackige, smaragdgrüne, kleine Gurken, glänzende süße Kirschen oder unzählige saftige Melonensorten.

Zu Hause gibt es dann jede Menge zu tun: Die dunkelroten Sauerkirschen und die sündhaft süßen, gelben Feigen wollen in den Marmeladentopf, die hauchdünnen Weinblätter machen Lust auf *Dolme* (gefüllte Weinblätter, Seite 128), und die grün glänzenden, noch nicht reifen Weintrauben *(Goureh)* erinnern daran, dass der Vorrat an *Ab Goureh,* einem sauren Würzmittel aus unreifen Trauben, zur Neige geht. Und wenn schließlich im September die Gemüseläden übervoll mit sonnengereiften Tomaten sind, dann kochen die Frauen zu Hause ihren Jahresbedarf an Tomatenmark.

Tauchen Mitte September die ersten fliegenden Händler mit frischen Pistazien auf, ist ein Ende der Hitze in Sicht. Doch kaum hat man für die Tomatenmarkgläser Platz im Schrank gefunden, verlocken frische rubinrote Berberitzen zur nächsten Marmeladenrunde.

Hat der Herbst erst einmal begonnen, erobern zahlreiche Sorten Tafeltrauben die Obst- und Gemüseläden. Etwas später gesellen sich Granatäpfel, süße Limetten und Orangen in allen Herbstfarben dazu. Jetzt gilt es, genügend Vorräte für den Winter anzulegen. In der kalten Jahreszeit schließlich wärmt man sich mit gekochten Dicken Bohnen und Roter Bete. Das Gemüse wird dann heiß an vielen Ecken von Straßenhändlern verkauft.

Auf die Balance kommt es an

Doch egal, welche Saison gerade ist – zum Frühstück genügt den Persern ein leicht gesüßter Schwarztee, um wach zu werden. Dazu gibt es Fladenbrot, etwas Schafskäse, Tomaten, Gurken und selbst gemachte Konfitüre. Abends, wenn die ganze Familie zusammenkommt, wird richtig gekocht, häufig Reisgerichte *(Polo)* und Saucengerichte *(Chorescht).*

Wichtig ist bei der Zubereitung, Gemüse, Kräuter, Hülsenfrüchte und Getreide in harmonischer Weise zu kombinieren. Als Grundlage dient die Philosophie »warmer« und »kalter« Nahrungsmittel. Etwas vereinfacht dargestellt gelten die meisten energiereichen Nahrungsmittel als warm, dazu zählen süße Früchte wie Datteln ebenso wie Bananen, die meisten Nüsse, Kichererbsen, aber auch Brot und Gewürze wie Kümmel, Safran und Knoblauch. Kalt sind dagegen viele wasserreiche und säuerliche Zutaten wie Gurken, Spinat, Kiwi, Linsen und Bohnen, zudem Reis und andere Getreidekörner. Nach einer Suppe mit vielen Bohnen (kalt) wird zum Ausgleich meist ein süßer Nachtisch mit Datteln und Nüssen (warm) serviert – das soll die Gemüsesuppe besser verdaulich machen.

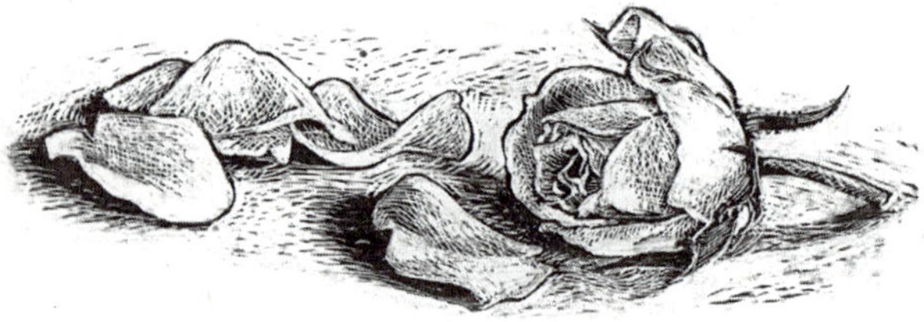

Gastfreundschaft aus Leidenschaft

Sobald sich Perser irgendwo treffen, gibt es etwas zu essen. Jeder, der in ein fremdes Haus kommt, auch wenn er nur kurz etwas vorbeibringt oder die Heizung repariert, bekommt zumindest eine Kleinigkeit zu essen und zu trinken – das verlangt die persische Gastfreundschaft. Auf jeden Fall wird dem Gast Obst angeboten, und zwar von jeder Sorte, die es gerade im Hause gibt. Ein solcher Teller mit verschiedenen Obstsorten steht in jedem Haushalt für Gäste bereit. Dazu gibt es meist Kleingebäck mit Pistazien oder Mandeln, eine Mischung verschiedener Nüsse und Tee, an den vielen heißen Sommertagen auch ein erfrischendes Getränk *(Scharbat)* aus Früchtesirup.

Wird bereits das Mittagessen oder Abendessen vorbereitet und dringt der Duft aromatischer Kräuter aus der Küche, dann gilt das Prinzip: Wer etwas Leckeres riecht, der darf auch davon essen. Auch unerwarteter Besuch wird dann zum Essen eingeladen.

Zur Hochform läuft die persische Küche jedoch auf, wenn Gäste erwartet werden oder wenn es etwas zu feiern gibt. Das Essen ist dann der Höhepunkt des Tages und wird entsprechend zelebriert. Von den Vorspeisen und den Salaten über die Hauptgerichte bis zum Obst – alles wird gleichzeitig aufgetragen, am besten auf einer schönen weißen Tischdecke *(Sofre)*, damit die Speisen gut zur Geltung kommen. Geholt wird aus Küche, Keller und Kühlschrank alles, was der Gastgeber im Laufe eines Jahres an besonderen Speisen eingelegt oder zu Marmelade und Konfitüre verarbeitet hat, etwa in Granatapfelsaft eingelegte Oliven, in Joghurt eingelegter wilder Knoblauch, Marmelade aus Orangenschalen, Konfitüre aus Berberitzen oder Rosenblütenblättern. Indem er alle Speisen zugleich auf dem Tisch präsentiert, stellt der Gastgeber seine ganze Kochkunst auf einmal zur Schau, und die Gäste können wie bei einem Buffet aus der Vielfalt das wählen, was ihnen am besten schmeckt. Daher gibt es bei solchen Anlässen auch nicht nur ein Hauptgericht – je mehr Gäste erwartet werden, desto vielfältiger ist das Angebot. Serviert wird nur in den schönsten Schüsseln, den Reis häuft man auf einer großen Platte kunstvoll zu einem Berg auf, und der Gipfel wird mit einer Extraportion Safranreis oder gezuckerten Berberitzen verziert. Absolut tabu ist es, beim Essen über Politik, Krieg oder Krankheiten zu sprechen. Alle Gespräche drehen sich einzig um das Essen: Man lobt das vorzügliche Reisgericht oder die exquisite Rosenkonfitüre und bedankt sich beim Gastgeber für die viele Mühe, die er sich gemacht hat.

Sind alle Gäste satt, wird Tee serviert, dazu gibt es meist Gebäck, Trockenfrüchte, Datteln oder selbst gemachtes Safraneis mit Pistazien.

Warenkunde

Obst und Gemüse

Granatäpfel — *Anar*

»Früchte der Hoffnung« werden Granatäpfel genannt, vielleicht weil sich hinter der unauffälligen ledrigen Schale viele zarte, rosa bis dunkelrote Fruchtfleischstücke verbergen – mit jeweils einem Samen in der Mitte. Der Granatapfelbaum ist eine der ältesten persischen Kulturpflanzen, der Baum wird seit über 2000 Jahren in Persien kultiviert. Kein Wunder also, dass Granatäpfel und Sirup oder Konzentrat aus ihnen bei kaum einem typischen persischen Essen fehlen. Konzentrat aus Granatäpfeln gibt einigen der feinsten Gerichte eine süßsaure Note. Sirup und Saft werden ähnlich wie Zitronensaft zum Kochen verwendet, sind jedoch wesentlich aromatischer als Zitronensaft. Doch auch roh ist Granatapfel eine erfrischende Delikatesse, ob als Nachtisch oder einfach nur zwischendurch.

Der Fruchtsaft wirkt adstringierend und wird daher auch medizinisch genutzt, etwa bei Entzündungen im Mundbereich. Und selbst die ledrige Schale wird verwendet: Aus ihr lässt sich ein dunkelroter Farbstoff gewinnen, mit dem man Teppichgarn färbt.

Den Früchten wird eine kalte Eigenschaft zugeschrieben.

Tipp Granatäpfel reifen nicht nach, also immer relativ schwere, rote oder rosa Früchte mit glatter, glänzender Schale kaufen!

Weintrauben — *Angour*

Weintrauben werden von den Persern auch als »Paradiesfrüchte« bezeichnet, wohl weniger wegen der berauschenden Wirkung ihres vergorenen Saftes, als vielmehr wegen ihrer Vielfältigkeit und unzähligen Verwendungsmöglichkeiten. Man kennt weiße, grüne, rosa, rote und lila Trauben in verschiedenen Größen und Geschmacksrichtungen. Eine Spezialität aus Trauben ist *Ab Goureh.* Dazu lässt man den frisch gepressten trüben Saft

unreifer Trauben mehrere Monate in der Sonne zu einem klaren bernsteinfarbenen Saft reifen. *Ab Goureh* besitzt kalte Eigenschaft, wird als mildes Säuerungsmittel zum Kochen verwendet und ist auch als Cholesterinsenker sehr beliebt. Den reifen Früchten wird eine warme Eigenschaft zugeschrieben. Man genießt sie gern als Zwischenmahlzeit. Dazu schneidet man die einzelnen Traubendolden in kleine Portionen und serviert sie in einer Schale. Sehr unhöflich ist es, die Trauben einzeln aus der Schale zu pflücken und die nackten Stängel zurückzulassen.

Saft von reifen Trauben wird auch als Zuckerersatz in manchen Süßigkeiten genutzt oder zu Weinessig verarbeitet. Die getrockneten Früchte – Rosinen oder Sultaninen – isst man zwischendurch mit Nüssen als Snack oder man veredelt Reisgerichte mit ihnen.

Doch nicht nur die Trauben der Weinpflanzen werden verwendet: Mit Weinblättern werden leckere *Dolme* (gefüllte Weinblätter) gemacht, und aus den Kernen presst man Traubenkernöl.

Tipp Beim Einkaufen auf frische grüne Stängel achten.

Feigen — *Andschir*

Frische Feigen können unglaublich süß schmecken, wenn sie in der Sommersonne gereift sind. Es gibt gelbe, rote und lila Feigen – besonders süß sind die kleinen gelben Feigen. Aus frischen Feigen wird gerne Konfitüre gekocht, die getrockneten Früchte isst man oft zum Tee und als Knabberei. Feigen besitzen eher warme Eigenschaften.

Tipp Frische Feigen bei Raumtemperatur servieren, denn eisgekühlt wird ihr süßes Aroma abgeschwächt. Beim Einkaufen sollte man weiche, süß duftende Früchte mit fleckenloser, nicht klebriger Haut bevorzugen.

Quitten — *Beh*

Sicher – man kann aus Quitten auch Konfitüre kochen, besonders wenn die Früchte richtig reif sind und herrlich duften, was meist zwischen September und November der Fall ist. Daneben aber geben Quitten auch Gemüsegerichten und Saucen eine fruchtige Note oder lassen sich zusammen mit Limetten zu einem erfrischenden Sirup verarbeiten. Mit diesem Sirup zaubert man an heißen Sommertagen *Scharbat,* ein erfrischendes Getränk. Als Snack zusammen mit Walnüssen schmecken frische, vollreife Quitten ebenfalls gut. Und wenn es doch Konfitüre sein soll, ein Tipp: Kocht man Quitten nach altem persischen Brauch in einem Kupfertopf, wird die Konfitüre dunkelrot. Das stimmt tatsächlich. Allerdings wird die Quittenkonfitüre auch ohne Kupfertopf bei längerer Kochzeit dunkelrot. Weicht man Quittenkerne in Wasser ein, entsteht ein Gelee, das gegen Husten und Sonnenbrand hilft.

Quitten haben nach der persischen Essphilosophie warme Eigenschaften.

Tipp Achten Sie auf festes, leicht nachgebendes Fruchtfleisch am Stielansatz.

Datteln — *Chorma*

Datteln sind nicht gleich Datteln: Perser kennen über 400 verschiedene Sorten der süßen Palmenfrucht. Es gibt gelbe, rötliche und braune, trockenfleischige und saftig fleischige und extrem süße Datteln. Sie werden frisch oder nur halb getrocknet verkauft – Datteln sind also immer etwas saftig. In guter Qualität sind sie auch hierzulande in persischen und türkischen Läden erhältlich. Datteln enthalten viel Kalium, Calcium, Eisen, Eiweiß und verdauungsfördernde Ballaststoffe. Die Früchte schmecken mit Sesam-Mus zum Frühstück, solo zum Nachtisch, zum Tee, und sie sind ein Snack für den kleinen Hunger zwischendurch. Zusammen mit Walnüssen und Pistazien lässt sich aus ihnen auch ein beliebtes Konfekt *(Ranginak,* Seite 153) herstellen. Ihre Eigenschaften gelten als extrem warm.

Melonen — *Hendewaneh*

Bis zu 30 Kilogramm schwer können die gigantischen Wassermelonen werden. Geschält und in Stücke geschnitten, serviert man sie in einer großen Porzellanschüssel als erfrischenden und durstlöschenden Nachtisch. Als es noch nicht in jedem Haus einen Kühlschrank gab, wurden Wassermelonen im Sommer tagsüber in einen Brunnen gelegt. Nach dem Abendessen holte man sie gut gekühlt für die Nachspeise wieder heraus. Eine bestimmte Melonensorte wird im Iran nur der Kerne wegen kultiviert. Die Kerne der reifen Früchte werden mit Salz geröstet und als Knabberei verspeist.

Außer Wassermelonen gibt es noch viele andere Melonensorten in zahlreichen Formen und Farben, etwa Zuckermelonen mit ihrem süßlich schweren Geruch und einer Fruchtfleischfarbe, die von Hellgrün bis Dunkelorange variiert. Aus Melonenkernen kann man ein hervorragendes Peelingmittel herstellen: Die Kerne gut spülen, im Backofen bei 100 °C (Umluft) trocknen, dann fein mahlen und mit Wasser zu einer Paste vermengen.

Nach der persischen Essphilosophie haben Wassermelonen kalte, Zuckermelonen und Honigmelonen dagegen warme Eigenschaften.

Tipp Melonen reifen nach der Ernte nicht nach. Beim Einkaufen also auf aromatisch duftende Früchte achten und diejenigen mit faulem Geruch meiden.

Bitterorangen — *Narendsch*

Bitterorangen sehen wie normale Orangen aus, haben aber eine dickere Schale. Zudem schmecken die Früchte säuerlich und leicht bitter. Bitterorangen werden zusammen mit Kräuter- und Reisgerichten gerne zum persischen Neujahrsfest Nourus (siehe Seite 55) gegessen. Aus den Blüten lassen sich eine köstliche Konfitüre sowie ein Destillat herstellen. Gekühltes Orangenblütenwasser ergibt im Sommer zusammen mit etwas Zuckersirup ein erfrischendes Getränk.

In dünne Streifen geschnittene und getrocknete Bitterorangenschale verleiht vielen festlichen Speisen wie Edelsteinreis (*Morasa Polo,* Seite 118) einen aromatischen Geschmack. Aus dem Saft der Bitterorangen wird auch Konzentrat hergestellt. Es gibt Saucengerichten eine saure Note.

Bitterorangen haben wie alle Zitrusfrüchte kalte Eigenschaften.

Auberginen — *Badendschan*

Die Aubergine wird auch Eierfrucht genannt, sie stammt wahrscheinlich aus Indien, wo sie schon seit mehr als 4000 Jahren angebaut wird. Man kennt sowohl längliche als auch runde, unterschiedlich große Sorten mit dunkelviolett glänzenden, helllila gefärbten, elfenbeinfarbenen oder marmorierten Früchten. Dank ihres unaufdringlichen Eigengeschmacks lassen sich Auberginen ausgezeichnet mit Kräutern, Gewürzen und anderen Zutaten kombinieren. Ein großer Teil der Vitamine steckt in der Schale, daher werden sie für Gerichte wie gefüllte, eingelegte Auberginen nicht geschält *(Badendschan Torschi,* Seite 145). Das Gemüse enthält viel Vitamin A, B-Vitamine, Vitamin C und Phosphor. Es hat kalte, feuchte Eigenschaften. Daher werden Auberginen oft zusammen mit Knoblauch zubereitet, der sehr warme und trockene Eigenschaften besitzt.

Tipp Beim Einkaufen sollten sich Auberginen fest, aber nicht zu hart anfühlen und keine braunen Flecken aufweisen. In der persischen Küche werden vor allem schwarze längliche, aber auch runde feste Sorten verwendet.

Spinat — *Esfanadsch*

Spinat stammt ursprünglich aus Persien und wurde vor über tausend Jahren vermutlich von den Arabern in Spanien eingeführt. Am besten schmeckt Spinat, wenn die Blätter noch zart, jung und knackig sind. Dann kann man ihn roh im Salat genießen oder auch gedünstet in *Borani,* einer Beilage aus Joghurt, gemischt mit gegartem Spinat (Seite 136), oder in *Asch,* einer dicken persischen Suppe (Seite 70, 73 oder 116). In Olivenöl eingelegter Blattspinat ergibt auch eine gute Beautymaske. Spinat hat extrem kalte Nahrungseigenschaften.

Tipp Am besten dünstet man Spinat bei schwacher Hitze und ohne Wasser, bis die ganze Flüssigkeit verdampft ist. Beim Einkaufen beachten, dass Spinat mit holzigen Stängeln und trockenen oder gelblichen Blättern bereits zu alt ist.

Tomaten — *Godscheh Farangi*

Tomaten gelangten im 16. Jahrhundert aus Südamerika nach Europa und wurden auch bald in die orientalische Küche integriert. Auf Persisch heißt Tomate *Godscheh Farangi,* was etwa »ausländische Pflaume« bedeutet. Perser essen Tomaten gerne roh mit Brot und Schafskäse oder Frischkäse sowie im Salat. Sie kochen mit ihnen aber auch Suppen und Eintöpfe, die meisten Tomaten enden jedoch als hausgemachtes Tomatenmark. Tomaten enthalten viele Vitamine, Mineralien, ätherische Öle und pflanzliche Hormone. Sie haben sehr kalte und feuchte Eigenschaften.

Zwiebeln — *Pias*

Die Zwiebel zählt zu den ältesten Kulturpflanzen der Menschheit überhaupt und wird schon seit mehr als 5000 Jahren als Heilpflanze, Gewürzpflanze und Gemüsepflanze kultiviert. Die Küchenzwiebeln stammen aus den Steppengebieten des west- und mittelasiatischen Raumes.

Eine besondere Variante sind junge Frühlingszwiebeln: Sie werden in Persien roh zusammen mit Basilikum, Minze und Estragon im Kräuterteller als Beilage verzehrt. Die kleinen Perlzwiebeln werden vorwiegend zum Einlegen verwendet.

Ob geschmort, gebacken, geröstet oder frittiert, in Suppen, Saucen, Salat, solo oder kombiniert mit anderen Gemüsen, Zwiebeln spielen in der persischen Küche, zugleich als Gemüse und als Gewürz, eine unersetzliche Rolle. Die Zwiebel wirkt antiseptisch, sie enthält pflanzliche Hormone, reichlich Vitamine und Mineralien, dazu kommen noch ätherische Öle. Zwiebeln haben nach der persischen Essphilosophie warme Eigenschaften.

Knoblauch — *Sir*

Junge Knoblauchknollen schmecken sehr mild, sie sind hierzulande im Frühsommer auf dem Markt erhältlich. In der persischen Küche werden sie beispielsweise für Kräuterreis (*Sabsi Polo,* Seite 54) verwendet. Mit zunehmender Reife werden die Knoblauchknollen immer schärfer, und es bildet sich das typische Knoblaucharoma. Die Inhaltsstoffe des Knoblauchs wirken antimikrobiell, gegen Blähungen und helfen die Blutfettwerte zu verbessern.

Neben dem bekannten Küchenknoblauch verwendet man in Persien gerne auch wilden Knoblauch, der entfernt dem mitteleuropäischen Bärlauch ähnelt. Vom wilden Knoblauch verwenden die Perser hauptsächlich die Zwiebel. Sie wird im Spätsommer und Anfang Herbst vom jungen Knoblauch geerntet. Wilder Knoblauch wächst am Fuß der Berge, teilweise wird er auch kultiviert. Der Geruch der Zwiebeln ähnelt dem Geruch von gewöhnlichem Knoblauch, ist aber weniger stark ausgeprägt. Eingelegt in Essig oder gemischt mit Joghurt, wird wilder Knoblauch als Beilage verzehrt (*Mousir Torschi,* Seite 147, *Mast wa Mousir,* Seite 139). Wilder Knoblauch ist getrocknet und in Scheiben geschnitten in persischen Läden erhältlich.

Knoblauch hat sehr warme und trockene Eigenschaften. Er wird deshalb zusammen mit angebratener Minze zu Kräutersuppen verzehrt. Damit lassen sich die kalten und feuchten Eigenschaften der meisten Suppen mindern.

Tipp Die reifen Knoblauchknollen des gewöhnlichen Knoblauchs sollten fest, die Hülle aber sollte nicht allzu trocken sein.

Oliven — *Seitoun*

Olivenbäume werden bis zu 2000 Jahre alt. Im Iran wachsen sie vor allem im Norden im feuchten Klima am Kaspischen Meer. Olivenöl ist Balsam für die Haut und lindert auch Sonnenbrand. Es enthält viel Vitamin E und wird daher oft in Kosmetikartikeln genutzt. Zudem hat es einen hohen Anteil an einfach ungesättigten Fettsäuren und wirkt sich positiv auf das Herzkreislaufsystem und den Fettstoffwechsel aus.

Tee aus Olivenblättern hat einen beruhigenden und Schlaf fördernden Effekt, er stärkt das Immunsystem und hilft, den Cholesterinspiegel zu senken. Eine persische Olivenspezialität ist *Seitoun e Parwardeh* (Seite 149). Dazu werden grüne, unreife Oliven in Granatapfelsaft eingelegt. Öl hingegen wird aus reifen schwarzen Oliven gepresst.

Oliven haben warme Eigenschaften.

Gewürze und Kräuter

Rosenwasser und Rosenblüten — *Golab wa Gole Sorch*

Auch heute noch wird das persische Rosenwasser größtenteils nach traditioneller Art in Kaschan hergestellt, einer Stadt am Rande der Wüste Dascht-e Kawir. Dazu werden die Rosen von Ende April bis Ende Mai jeden Tag noch vor Sonnenaufgang gepflückt, bevor die ätherischen Öle verdampfen. Die Blütenblätter füllt man in große Gefäße und destilliert sie nach alten Rezepten. Rosenwasser verfeinert persische Süßigkeiten, gekühlt und gemischt mit Früchtesirup, ist es zudem Grundlage für ein erfrischendes Getränk an heißen Sommertagen. Aus Rosenblüten lässt sich eine köstliche Konfitüre kochen, und die getrockneten Blüten verleihen nicht nur Gewürzmischungen, sondern auch Joghurtgetränken *(Dugh,* Seite 138) ein zartes Rosenaroma.

Gemahlene Blüten verlieren rasch ihren intensiven Duft. Ganze Blütenblätter kann man in persischen und indischen Läden kaufen, gutes Rosenwasser ist in persischen Läden und Apotheken erhältlich. Rosenwasser und Rosenblüten haben warme Eigenschaften.

Angelika — *Golepar*

Angelika oder Engelwurz ist eine bis zu zwei Meter hohe Staude mit hellgrünen Blättern. Im Spätsommer bilden sich Dolden mit kleinen grünen Blüten. Alle Bestandteile der Pflanze sind hocharomatisch, die beste medizinische Wirkung haben die Wurzeln, die man bei Prellungen und Schwellungen verwendet. In Mitteleuropa verwendet man zum Beispiel kandierte Angelikastängel, um Gebäck zu verzieren, für persische Gerichte legt man die Stängel in Essig und Salz ein und verzehrt sie als Beilage. Die gemahlenen Samen werden in Gewürzmischungen zum Einlegen von Obst und Gemüse verwendet

(*Advieh e Torschi,* Seite 141) oder solo mit Granatapfel und gekochten Dicken Bohnen für eine gute Verdauung eingesetzt. Nach der persischen Essphilosophie hat Angelika warme Eigenschaften. Die Samen kann man in persischen Läden, aber auch in Apotheken kaufen.

Kardamom — *Hel*

Kardamom gibt nicht nur Gebäck und Süßigkeiten ein verführerisches Aroma, die Perser würzen auch ihren Tee damit. Ursprünglich stammt Kardamom aus Südindien, Ceylon und Malaysia. Die Samenkapseln des Strauches werden in regelmäßigen Abständen geerntet, da sie nicht alle zur selben Zeit reifen. Man pflückt sie, bevor sie aufspringen, und trocknet sie in Trockenkammern oder in der Sonne. Die Samen werden mitsamt den Kapseln gemahlen und außer für Süßes auch in Gewürzmischungen verwendet. Kardamom hat warme Eigenschaften.

Safran — *Safaran*

Safran ist ein Sinnbild für Genuss. Es gibt wohl kaum ein Gewürz, das die Sinne so anspricht wie Safran. Viele persische Gerichte haben ihren verlockenden Duft und ihre bezaubernde Farbe dem Safran zu verdanken. Im Iran wächst Safran immer noch wild, der Hauptteil der Ernte stammt aber aus Kulturen. Der persische Safran ist bekannt für seine exquisite Qualität. Die mehrjährigen, mit dem Gartenkrokus verwandten Pflanzen blühen nur zwei Wochen im Herbst. Ernte und Weiterverarbeitung erfolgen in Handarbeit. Um die zarten Safranfäden zu gewinnen, muss man die Blüten frühmorgens zunächst pflücken, dann den kleinen Griffel, der sich in drei bis sechs Narbenäste verzweigt, aus jeder einzelnen Blüte herauszupfen und trocknen. Für ein Gramm des wohlschmeckenden Edelgewürzes muss man mehrere Hände voll der lilafarbenen Blüten ernten. Safran besitzt warme Eigenschaften.

Tipp Das Aroma von pulverisiertem Safran verliert sich nach dem Pulverisieren rasch. Deshalb sollte man Safranfäden statt Safranpulver kaufen und die Fäden kurz vor der Verwendung frisch zermörsern. Bevor man mit Safran würzt, zermahlt man erst einige Fäden mit etwas Zucker im Mörser. Dann löst man die Mischung in ein wenig Wasser auf, damit sich die leuchtend gelbe Farbe und das Aroma besser entfalten können.

Schwarzer Kreuzkümmel — *Sireh*

Schwarzer Kreuzkümmel schmeckt leicht bitter und hat ein schweres nussiges Aroma. Er hat längliche Samen und darf nicht mit den eckigen Nüsschen des Schwarzkümmels verwechselt werden. Auch dem bekannten Kreuzkümmel ist er nicht gleichzusetzen.

Persischer Schwarzer Kreuzkümmel wächst hauptsächlich in der Provinz Kerman am Rand der Wüste. Ungemahlen ist Schwarzer Kreuzkümmel ein gutes Reisgewürz, gemahlen bereichert er Gewürzmischungen für Gemüsegerichte mit Sauce und eingelegtes Obst und Gemüse. Man kann mit ihm aber nicht nur würzen: Zusammen mit Walnüssen gemahlen und mit Honig vermengt, lässt er sich zu einer entspannenden Massagecreme verarbeiten. Schwarzer Kreuzkümmel hat warme Eigenschaften.

Koriander — *Geschnis*

Koriander ist ein einjähriges Kraut. Die Samen und die Blätter der Pflanze schmecken und duften jeweils unterschiedlich, daher kann man Samen nicht durch Blätter ersetzen und umgekehrt. Die Samen haben ein zartes zitrusartiges Aroma und werden in Gewürzmischungen verwendet. Die Blätter schmecken dagegen säuerlich scharf und geben vielen Suppengerichten *(Asch)*, aber auch Gemüsegerichten mit Sauce *(Choresch)* einen aromatischen Geschmack und Geruch. Koriander hat einen hohen Gehalt an ätherischen Ölen, hilft bei Magen- und Darmproblemen und wirkt beruhigend auf die Nerven. Er hat warme Eigenschaften.

Grüne Minze — *Nana*

In der persischen Küche gehört die Grüne Minze ohne Zweifel zu den am häufigsten und mengenmäßig am meisten verwendeten Kräutern. Sie verfeinert das Aroma jeder traditionellen Suppe *(Asch)* und sorgt mit ihren warmen Eigenschaften für eine gute Verdauung. Die Perser kennen viele Sorten Minze, die sich im Aroma leicht unterscheiden. Sie werden je nach Gericht und eigenen Vorlieben verwendet. Es lässt sich jedoch die hierzulande problemlos überall erhältliche Grüne Minze für Gerichte wie Suppen und eingelegtes Gemüse gut verwenden.

Auch Perser schätzen einen kräftigen heißen Minztee, meist jedoch aus medizinischen Gründen, etwa bei Bauchschmerzen oder hohem Cholesterinwert. Als Erfrischung bevorzugen sie die Minze kalt – etwa als Getränk aus einem Minze-Extrakt. Ein solcher Extrakt wird auch bei Blähungen verwendet. Mit etwas getrockneter und pulverisierter Minze würzt man gerne den persischen Trinkjoghurt *(Dugh,* Seite 138).

Basilikum — *Reihan*

Basilikum gibt es in unterschiedlich grün und violett gefärbten Sorten. Mit Minze, Frühlingszwiebeln, Estragon und Radieschen gehört Basilikum zum grünen Kräuterteller *Sabsi Chordan*. Im Gegensatz zu Minze verliert Basilikum sein Aroma beim Trocknen – man sollte die Blätter daher stets frisch nutzen. Werden zu einem persischen Gericht rohe Zwiebeln serviert, kommen sie immer mit Basilikum auf den Tisch. Die frisch gekauten Blätter sorgen nach dem Essen der Zwiebeln für einen frischen Atem. Aus einer bestimmten Sorte, die in der Provinz Ost-Aserbaidschan wächst, wird ein Destillat hergestellt, das sehr gut gegen Magenbeschwerden hilft. Basilikum hat warme Eigenschaften.

Bockshornkleeblätter — *Schanbelileh*

Bockshornklee ist mit dem Schabzigerklee verwandt, die Blätter des Bockshornklees schmecken leicht bitter und aromatisch. In der traditionellen persischen Küche werden Bockshornkleeblätter etwa für *Galieh* verwendet, eine dicke Sauce aus Kräutern und Tamarindenpaste (siehe Seite 89). Getrocknet findet man die Blätter im persischen Laden. Sie haben warme Eigenschaften.

Limetten — *Limo Amani*

Limetten sind klein, gelb oder grün, so sauer wie Zitronen, aber viel aromatischer als diese. Die Perser pflücken die Limetten erst dann, wenn sie richtig reif sind und die Schale gelb ist. In einigen Golfstaaten werden reife Limetten im Salzwasser gekocht und in der Sonne getrocknet, bis sich das Innere dunkel färbt. In persischen Gewürzläden kennt man solche schwarzen Limetten unter der Bezeichnung *Amani*. Sie werden gerne verwendet, um Gerichten mit Hülsenfrüchten oder Gemüsegerichten einen leichten Zitrusduft und einen etwas säuerlichen Geschmack zu verleihen *(Geimeh Badendschan Polo, Dami e Schalgam-Geschnis, Chorak e Beh, Chorak e Loubia Sabs,* Seiten 48, 57, 77 und 86). Man macht mit einem Spieß ein paar Löcher in die getrockneten Früchte oder zerdrückt sie, entfernt die Samen und pulverisiert den Rest der Limette in einer Küchenmaschine. Im Iran wächst auch eine süße Limettensorte. Die Früchte dieser Sorte erreichen Orangengröße und haben eine dünne gelbe Schale. Nach der persischen Essphilosophie haben Limetten kalte Eigenschaften.

Berberitzen — *Sereschk*

Glänzen diese roten Beeren auf Safranreis, bekommt man mit Sicherheit ein Festmahl serviert. Bei keinem Hochzeitsessen darf Berberitzenreis (*Sereschk Polo)* fehlen. Kommen zum goldgelben Safranreis und den rubinroten Berberitzen noch smaragdgrüne Pistazien sowie Mandeln und Orangenschalen, wird das Kunstwerk Edelsteinreis *(Morasa Polo,* Seite 118) genannt.

Berberitzen wachsen traubenartig an Büschen und reifen Anfang Herbst. Obwohl es mühsam ist, die kleinen saftigen Beeren von ihren stacheligen Ästen zu zupfen, lässt sich kaum eine persische Köchin davon abhalten, denn aus den reifen Beeren lässt sich eine leckere Konfitüre bereiten. Getrocknet verleihen die Beeren vielen persischen Gerichten einen typischen sauerfruchtigen Geschmack. Ihre Eigenschaften gelten als sehr kalt.

Getrocknete Berberitzen sind hierzulande in persischen Läden erhältlich. Unter Berberitzen werden allgemein – und so auch in den Rezepten in diesem Buch – die trockenen Beeren verstanden. Frische Beeren werden nur für Konfitüre verwendet. Die trockenen Beeren sind immer noch weich und haben eine gewisse Restflüssigkeit. Beim Einkaufen sollten Sie daher nicht nach »getrockneten Berberitzen« fragen, sonst meint der Verkäufer im Laden, dass Sie extra getrocknete Berberitzen wünschen.

Nüsse

Mandeln — *Badam*

Mandeln werden schon seit Jahrtausenden kultiviert, sie sind die meistangebauten Nüsse der Welt. Im botanischen Sinn sind Mandeln allerdings keine Nüsse, sondern Steinfrüchte. Sie stammen ursprünglich aus Zentralasien und sind mit Pfirsichen und Aprikosen verwandt. Die grünen unreifen Früchte sind gesalzen und mit Schale verzehrt im Frühjahr ein beliebter Snack. Neben den Süßmandeln und Bittermandeln gibt es Krachmandeln *(Monaga)*, deren poröse Schale sich einfach mit den Fingern öffnen lässt. Mandelstifte werden zum Verzieren auf Reisgerichte und Gemüsegerichte gestreut und auch für viele Arten von Gebäck genutzt. Mandelöl ist eines der ältesten Schönheits- und Hautpflegemittel überhaupt. Und auch die hübschen Mandelaugen orientalischer Frauen haben von diesen Nüssen ihren Namen. Mandeln haben warme Eigenschaften.

Walnüsse — *Gerdu*

Walnussbäume gehören zu den ältesten kultivierten Bäumen. Ursprünglich stammt die Walnuss aus Persien, dort dienten die Früchte zeitweise als Zahlungsmittel. Sie gelangte auf Handelswegen sowohl in asiatische als auch europäische Länder. Inzwischen ist Kalifornien das weltweit größte Walnuss-Anbaugebiet. Walnussbäume wachsen sehr langsam – es dauert etwa zwanzig Jahre bis zur ersten ertragreichen Ernte. Die meisten Nüsse liefert ein Baum im Alter von fünfzig Jahren. Walnüsse werden in vielen persischen Gerichten wie Walnuss-Granatapfel-Sauce *(Fesendschan,* Seite 126), aber auch für Süßigkeiten wie Walnusskekse verwendet *(Schirini Gerdoui,* Seite 175). Ihr hoher Gehalt an mehrfach ungesättigten Fettsäuren kann helfen, den Cholesterinspiegel zu senken. Walnüsse haben warme Eigenschaften.

Moschkel Goscha – eine Nussmischung als Problemlöser

Nüsse sind sehr kostbar, sie werden an Festtagen zwischen den Mahlzeiten serviert oder wenn wichtige Gäste kommen. Eine besondere Bedeutung hat es daher, wenn man unvermittelt von jemandem ein Tütchen Nüsse in die Hand gedrückt bekommt. Der Schenkende hat offenbar einen dringenden Wunsch oder ein ernstes Problem. Er hat sich deshalb einige Kilo der Nussmischung *Moschkel Goscha* gekauft – was so viel wie »Problemlöser« heißt. Nun verpackt er die Nüsse in kleine Tütchen und verteilt sie unter Freunden, Verwandten oder Nachbarn, damit diese beim Knabbern dafür beten, dass sich der Wunsch erfüllt oder das Problem löst. *Moschkel Goscha* besteht aus geschälten Mandeln, Pistazien und Haselnüssen sowie gerösteten Kichererbsen, Rosinen, getrockneten Maulbeeren und gezuckerten Mandeln.

Pistazien — *Pesteh*

Pistazienbäume wachsen im trockenen Klima in Kerman und Rafsandschan. Sie können mehrere hundert Jahre alt und bis zu zehn Meter hoch werden. Die Pflanzen bilden Trauben von zehn bis fünfzehn eng aneinanderliegenden Früchten. Im September werden die Nüsse reif und kommen mit roter Fruchthaut frisch auf den Markt.

Reife Pistazien öffnen leicht ihre Schale, wodurch die grünen Kerne sichtbar werden. Man bezeichnet die offenen Nüsse als »lächelnde Pistazien«. Die Nüsse werden auch getrocknet oder mit Salz und teilweise mit Zitronensaft geröstet. Pistazienstifte verzieren Reisgerichte, aber auch Süßigkeiten. Pistazien haben warme Eigenschaften.

Getreide und Hülsenfrüchte

Reis — *Berendsch*

Am schmalen persischen Küstenstreifen am Kaspischen Meer wird neben Zitrusfrüchten, Feigen oder Tee auch Reis angebaut. Die Menge reicht gerade für den Eigenbedarf des Landes – für den Export bleibt praktisch nichts übrig. Dieser persische Langkornreis hat einen sehr charakteristischen Duft und nimmt das Aroma von Gewürzen gut an. Reis wird von einem persischen Familienhaushalt normalerweise einmal im Jahr für den Jahresbedarf in großen Säcken gekauft und gelagert. Bei einem guten persischen Reisgericht sollten die Reiskörner nach dem Kochen luftig bleiben und nicht verkleben (siehe ab Seite 42). Ein Ersatz für den persischen Langkornreis ist Basmatireis. Reismehl lässt sich für leckere Desserts wie den Reismehlpudding »Eis im Paradies« (*Jach dar Behescht,* Seite 152) und luftiges Gebäck wie Reiskekse mit Rosenwasser (*Nan e Berendschi,* Seite 182) verwenden.

Brot und Mehl — *Nan wa Ard*

Brot gibt es zu jeder persischen Mahlzeit, es wird dafür immer frisch beim Bäcker gekauft. Nur sehr selten wird Brot auch selbst gebacken. Die Perser betrachten Brot als ein Geschenk Gottes und schneiden ihr Fladenbrot nie mit einem Messer, sondern teilen es mit der Hand. Will man einen Freund unbedingt von etwas überzeugen, schwört man auf das Brot und Salz, das man zusammen gegessen hat. Die bekanntesten Fladenbrotsorten sind *Sangak* aus Vollkornmehl, das oft noch traditionell auf heißem Sand gebacken wird, *Lawasch* aus sehr zerbrechlichem und ganz dünnem Teig sowie das bis zu zwei Zentimeter dicke und einen Meter lange *Barbari.* Diese Fladenbrote werden aus Weizenmehl gebacken. Die traditionellen persischen Brotsorten sind hierzulande nicht erhältlich, vergleichbare Brote findet man in türkischen Läden.

Dicke Bohnen — *Bagali*

Dicke Bohnen, auch Puffbohnen oder Saubohnen genannt, zählen zu den ältesten Kulturpflanzen überhaupt. Bereits vor mehr als 5000 Jahren wurde die Pflanze in China angebaut. In der persischen Küche werden sowohl frische grüne als auch gelbe getrocknete Bohnen verwendet. Frische Bohnen ergeben in Wasser mit etwas Salz gekocht eine nahrhafte Zwischenmahlzeit. Fliegende Händler verkaufen solche heißen Dicken Bohnen an den ersten kalten Herbsttagen zusammen mit etwas Essig und Angelikasamenpulver. Die Schoten mit der pelzigen Innenschicht wirft man weg, und die Kerne schält man einzeln. Von einem Kilogramm Dicker Bohnen bleibt daher nach dem Schälen oft weniger als ein Pfund übrig. Je weicher die Samen sind, desto besser schmecken sie. Mit Dicken Bohnen kocht man Reisgerichte wie Reisknödel *(Koufteh Schewid Bagali,* Seite 132), aber auch Eierspeisen wie Omelett mit Dicken Bohnen und Dill *(Koukou e Schewid Bagali,* Seite 111). Dicke Bohnen haben kalte Eigenschaften.

Kichererbsen und Schälerbsen — *Nochod wa Nochod Farangi*

Von den etwa 1000 Erbsensorten verwenden die Perser meist Zuckererbsen, Kichererbsen und gelbe Schälerbsen zum Kochen. Das Mehl gerösteter Kichererbsen nutzen sie gerne zum Backen. Bei den Schälerbsen wird die harte ballaststoffreiche Schale entfernt – die Erbsen zerfallen dabei in zwei Hälften, deshalb werden sie auch Splittererbsen genannt. Sie sind leichter verdaulich als Zuckererbsen und Kichererbsen und lassen sich ohne Einweichen schnell garen. Kichererbsen und gelbe Schälerbsen finden Verwendung in Suppengerichten wie Nudelsuppe *(Asch e Reschteh,* Seite 116) und Pflaumensuppe *(Asch e Alou,* Seite 69). Kichererbsen und Schälerbsen haben warme Eigenschaften.

Rezepthinweise

Verwendete Abkürzungen

EL Esslöffel, gestrichen gefüllt
TL Teelöffel, gestrichen gefüllt

Pflanzenöl und Butter

In der traditionellen persischen Küche sind vor allem pflanzliche Öle wie Sonnenblumenöl oder Rapsöl, aber auch Butter sehr beliebt. Wenn es in den Rezepten nicht genauer benannt wird, sollte immer ein geschmacksneutrales Öl wie Sonnenblumenöl oder geschmacksneutrales Rapsöl verwendet werden.

Reisgerichte sollte man mit Butter zubereiten. Für andere Gerichte kann je nach Vorliebe Butter oder Margarine genommen werden.

Süßungsmittel

Zum Süßen von persischen Gerichten wird hauptsächlich Zucker verwendet. Bereitet man ein Dessert oder Gebäck mit Datteln zu, genügt die Süße der Früchte, und auf Zucker kann man ganz oder fast ganz verzichten. In manchen persischen Regionen verwenden die Bewohner zum Süßen ein Konzentrat aus Trauben, das auch häufig wie Marmelade oder Konfitüre aufs Brot gestrichen wird.

In den Rezepten ist als Süßungsmittel Zucker oder Puderzucker angegeben, was der traditionellen persischen Küchenpraxis entspricht. Entscheiden Sie sich für die Art von Süße, die Ihrem Geschmack am besten entspricht. Rohrzucker ist als Vollrohrzucker oder Roh-Rohrzucker in Naturkostläden, Reformhäusern und in gut sortierten Lebensmittelgeschäften erhältlich. Dort gibt es auch Puderzucker aus Roh-Rohzucker.

Besser zu viel als zu wenig kochen

Die Angabe, für wie viele Personen ein Gericht ausreicht, stellt jeweils nur eine Orientierungshilfe dar. Weil in Persien meist alle Gerichte einer Mahlzeit, von den Vorspeisen bis zum Dessert, gleichzeitig serviert werden und jeder isst, was er möchte, ist es sehr wichtig, viel zu kochen, damit das Essen nicht ausgeht.

Vorspeisen

Verlockend, appetitanregend und ein bisschen exotisch darf eine persische Vorspeise sein, vor allem aber sollte sie sowohl geschmacklich als auch optisch einen gewissen Kontrast zur Hauptspeise bieten. Das gilt besonders, weil Vorspeise und Hauptspeise zusammen auf den Tisch kommen: Je bunter und abwechslungsreicher die Speisen sind, desto größer ist die Freude beim Essen.

Besteht das Hauptgericht hauptsächlich aus grünen Kräutern, passt dazu etwa eine Speise mit roten Tomaten, Auberginen und Eiern *(Mirsa Gasemi,* Seite 33). Ist die Hauptspeise süßsauer, sorgen gefüllte Quitten *(Dolme e Beh,* Seite 37) und Auberginenmus mit Walnuss *(Kaschk wa Badendschan,* Seite 35) für den nötigen Kontrast.

Bild links oben: Shiraz, Nasir-ol-Molk-Moschee
unten: Yazd, Siaieh-Schule

Auberginen-Granatapfel-Mus

نازخاتون

Nas Chatoun

Für sechs Personen

4 mittelgroße Auberginen
2 mittelgroße Zwiebeln
Olivenöl oder ein geschmacksneutrales gutes Öl
2 große Fleischtomaten
100 ml Granatapfelsaft
Salz
frisch gemahlener Pfeffer
1 TL gemahlene Angelikasamen (siehe Seite 20) (optional)
1 TL gehackte frische Minze
50 g gehackte Walnüsse

- Die Auberginen auf einen Grillrost legen und im vorgeheizten Grill oder Backofen grillen, dabei die Auberginen gelegentlich umdrehen, bis die Haut Blasen wirft und das Fleisch weich wird. Die Haut lässt sich dann einfach abziehen.
  Das Auberginenfleisch klein hacken.
- Die Zwiebeln schälen, in kleine Würfel schneiden und mit Öl in einer Pfanne goldbraun ausbraten. Tomaten häuten und klein schneiden und zusammen mit den Auberginen unter die gerösteten Zwiebeln rühren. Granatapfelsaft hinzugeben und mit Salz und Pfeffer abschmecken. Mit gemahlenen Angelikasamen würzen und 10 Minuten bei schwacher Hitze kochen lassen.
- Auberginenmus in einem tiefen Teller anrichten und mit frischer Minze und gehackten Walnüssen verzieren.

Tipp Wissen Sie, wie man Tomaten leicht häuten kann? Einfach mit einem Messer den Fruchtansatz der Tomate herausschneiden. Die Tomate auf der Oberseite kreuzweise einritzen und 20 Sekunden in kochendes Wasser tauchen. Wenn sich die eingeritzte Haut an den Schnitten kräuselt, lässt sich die Haut leicht abziehen.

Bleichsellerie mit Orangensauce

کرفس با سس پرتقال

Karafs ba Sauce Portegal

Für zwei Personen

500 g junger hellgrüner Bleichsellerie
50 g Butter oder Margarine
Salz
5 EL frisch gepresster Orangensaft
100 g grob gehackte Walnüsse
abgeriebene Schale einer unbehandelten Orange
1 EL fein gehackte frische Petersilie

- Den Bleichsellerie waschen, trockentupfen und klein schneiden. Die Butter oder Margarine in einem Topf zerlassen. Klein geschnittenen Bleichsellerie 3 Minuten im Fett anbraten. Salz nach Geschmack und Orangensaft dazugeben und Sellerie bei schwacher Hitze gar kochen. Dann abkühlen lassen.
- Die Mischung in eine Schüssel geben. Walnüsse und Orangenschale unterrühren und mit frisch gehackten Petersilienblättern verzieren.

Auberginen-Schiffchen

بادنجان شکم پر

Badendschan e Schekam Por

Für vier Personen

2 große Auberginen
Salz
Olivenöl oder ein geschmacksneutrales gutes Öl
2 mittelgroße Zwiebeln
2 mittelgroße Kartoffeln
1 grüne Paprikaschote
½ TL Kurkumapulver
frisch gemahlener Pfeffer
1 Fleischtomate
1 EL Tomatenmark
2 EL frisch gepresster Zitronensaft
4 EL fein gehackte frische Petersilie
2 EL grob gehackte Walnüsse

- Auberginen schälen und längs halbieren. Dann mit Salz bestreuen und 2 Stunden in einem Sieb ausweinen lassen. Die Auberginen abspülen und mit Küchenpapier trockentupfen. In einer Pfanne mit etwas Öl von beiden Seiten anbraten.
- Die Zwiebeln schälen, klein schneiden und mit Öl in einer weiteren Pfanne goldgelb anbraten. Kartoffeln schälen, in kleine Würfel schneiden und zu den Zwiebeln geben. Bei mittlerer Hitze 3 Minuten anbraten. Grüne Paprika klein schneiden und unter Zwiebeln und Kartoffeln rühren. Mit Kurkuma würzen und mit Salz und Pfeffer abschmecken.
- Tomate häuten, halbieren, die Kerne mit einem Teelöffel entfernen und das Fruchtfleisch in kleine Stücke schneiden. Dann zum Pfannengemüse geben und mischen.
- Die angebratenen Auberginen in eine Auflaufform setzen. Die Gemüsemischung in die weichen Auberginen löffeln und leicht anhäufen. Tomatenmark im Zitronensaft und in 5 EL warmem Wasser lösen, mit Salz und Pfeffer abschmecken und in die Auflaufform gießen. Die Auberginen-Schiffchen im vorgeheizten Backofen bei 175 °C (Umluft) 20 bis 30 Minuten gar backen.
- Mit frisch gehackter Petersilie und Walnüssen garnieren und heiß servieren.

Auberginen mit Eiern und Knoblauch

میرزاقاسمی

Mirsa Gasemi

Für zwei Personen

2 große Auberginen
4 große Knoblauchzehen
Olivenöl
¼ TL Kurkumapulver
2 große Fleischtomaten
Salz
frisch gemahlener Pfeffer
3 Eier

- Die Auberginen auf einen Grillrost legen und im vorgeheizten Grill oder Backofen grillen, dabei die Auberginen gelegentlich umdrehen, bis die Haut Blasen wirft und das Auberginenfleisch weich wird. Die Haut lässt sich dann einfach abziehen.
- Knoblauchzehen schälen, klein hacken und mit 3 EL Olivenöl in einer Pfanne goldgelb braten. Kurkumapulver dazugeben und kurz anbraten. Das Auberginenfleisch klein hacken und zum Knoblauch geben.
- Die Tomaten häuten, halbieren, Kerne mit einem Teelöffel entfernen, das Fruchtfleisch in kleine Stücke schneiden, zu Knoblauch und Auberginen geben und bei starker Hitze 3 Minuten anbraten, dabei ständig umrühren. Mit Salz und Pfeffer abschmecken.
- Eier in einer Schüssel verquirlen. Etwas Olivenöl in einer Pfanne erhitzen, die Eier in der Pfanne verrühren und zu Rührei garen. Das Rührei zum Auberginen-Tomaten-Gemüse geben, gut mischen und bei mittlerer Hitze nochmals 2 Minuten garen.

Mirsa Gasemi ist ein beliebtes Gericht aus dem Nordiran, das mit Reis oder Fladenbrot serviert wird.

Gefüllte Zucchini

دلمه کدو

Dolme e Kadou

Für vier Personen

1 mittelgroße Zwiebel
Olivenöl
2 Frühlingszwiebeln
50 g frische glatte Petersilie
50 g frische Minze
50 g Basmatireis
Salz
¼ TL Reisgewürz (siehe Seite 43)
1 EL Zucker
2 TL Tomatenmark
2 EL frisch gepresster Zitronensaft
frisch gemahlener Pfeffer
2 große Zucchini
¼ TL frisch gemörserter Safran (siehe Seite 21) (optional)

- Die Zwiebel schälen, klein schneiden und mit Öl in einer Pfanne goldgelb anbraten. Frühlingszwiebeln und Kräuter putzen, waschen, abtropfen lassen, klein schneiden und mit der angebratenen Zwiebel vermischen. Alles noch 3 weitere Minuten braten.
- Reis in einen Topf geben, mit lauwarmem Wasser waschen. Das Wasser gut abgießen. 100 ml Wasser, Salz, Reisgewürz und 1 EL Olivenöl zum Reis in den Topf geben, dann bei mittlerer Hitze bissfest kochen. Den Reis unter die angebratenen Kräuter geben. Den Zucker und 1 TL Tomatenmark in 1 EL Zitronensaft auflösen und unter den Reis und die Kräuter rühren. Mit Salz und Pfeffer abschmecken.
- Die Zucchini aushöhlen: Dazu die Zucchini nicht längs halbieren, sondern jeweils einen Zentimeter unterhalb des Fruchtansatzes durchschneiden und das Fruchtfleisch mit einem Teelöffel entfernen, dabei einen halben Zentimeter Fruchtfleisch am Rand stehen lassen.
- Zucchini mit der Reis-Kräuter-Mischung füllen, den Fruchtansatz wieder aufsetzen und mit einem Zahnstocher im Fruchtfleisch befestigen. Die gefüllten Zucchini in eine große Pfanne geben. 1 TL Tomatenmark mit 100 ml Wasser, 1 EL Zitronensaft, 1 EL Öl und Safran verrühren und auf die Zucchini gießen. Zugedeckt bei schwacher Hitze gar kochen.

Auberginenmus mit Walnuss

کشک و بادنجان

Kaschk wa Badendschan

Für sechs Personen

3 große Auberginen
Salz
Olivenöl oder ein geschmacksneutrales gutes Öl
2 große Zwiebeln
4 große Knoblauchzehen
frisch gemahlener Pfeffer
½ EL Kurkumapulver
100 ml flüssiges Kaschk (siehe Seite 65) oder 100 g saure Sahne
2 EL getrocknete geriebene Minze
1 Messerspitze frisch gemörserter Safran (siehe Seite 21) (optional)
2 EL grob gehackte Walnüsse

- Die Auberginen schälen, längs halbieren, mit Salz bestreuen und in einem Sieb mindestens 2 Stunden ausweinen lassen. Dann abspülen und trockentupfen. Öl in einer Pfanne erhitzen und die Auberginen von beiden Seiten im Öl goldbraun ausbraten.
- Die Zwiebeln schälen, klein schneiden und mit Öl in einer weiteren Pfanne goldgelb braten. 2 Knoblauchzehen schälen, klein hacken, unter die Zwiebeln rühren und nur kurz anbraten. Dann die Zwiebel-Knoblauch-Mischung zu den Auberginen geben, mit Salz und Pfeffer abschmecken und mit Kurkuma würzen. 150 ml Wasser dazugießen und zugedeckt bei mittlerer Hitze kochen, bis die Auberginen ganz weich werden.
- Kaschk mit 100 ml Wasser vermischen und 20 Minuten bei schwacher Hitze köcheln lassen. Wird saure Sahne verwendet, diese nur verdünnen. Die Auberginen mit einer Gabel zerdrücken. 4 EL Kaschk oder saure Sahne beiseite stellen und den Rest unter die Auberginen rühren.
- 2 EL Öl in einer kleinen Pfanne erhitzen und die geriebene Minze kurz im Öl anbraten, aus der Pfanne nehmen. 2 Knoblauchzehen schälen, klein schneiden und ebenfalls kurz mit Öl anbraten. Die Auberginenmasse in einem tiefen Teller anrichten. Mit dem restlichen Kaschk oder der restlichen sauren Sahne, Safran, gehackten Walnüssen sowie angebratener Minze und angebratenem Knoblauch garnieren und mit Fladenbrot servieren. Schmeckt auch kalt sehr gut.

Wachtelbohneneintopf

خوراک لوبیا چیتی

Chorak e Loubia Tschiti

Für vier Personen

250 g Wachtelbohnen
2 mittelgroße Zwiebeln
Olivenöl
1 EL feiner Bulgur oder Rundkornreis
1 EL Tomatenmark
Salz
frisch gemahlener Pfeffer
½ TL Kurkumapulver
1 EL gemahlene Angelikasamen (siehe Seite 20) (optional)
frisch gepresster Saft einer Zitrone

- Die Wachtelbohnen in einen Topf geben, gut waschen und das Wasser abgießen. Wasser zum Einweichen zugießen, bis die Bohnen drei Fingerbreit mit Wasser bedeckt sind. Die Bohnen über Nacht einweichen lassen. Dann im Einweichwasser etwa eine Stunde bissfest kochen.
- Zwiebeln schälen, klein schneiden und mit Olivenöl in einer Pfanne goldbraun braten. Die angebratenen Zwiebeln, den Bulgur oder Reis und das Tomatenmark zu den Bohnen geben. Mit Salz und Pfeffer abschmecken, mit Kurkuma würzen und etwa 45 Minuten gar kochen.
- Den Eintopf in eine Schüssel geben, mit 2 EL Olivenöl und gemahlenen Angelikasamen verzieren und mit Zitronensaft servieren.

Tipp Wachtelbohneneintopf ist eine nahrhafte Vorspeise, die man ohne Fladenbrot serviert.

Angelika, auch Engelwurz genannt, wächst in Mitteleuropa wild. Kandierte Angelikastängel werden zum Verzieren von Süßigkeiten genutzt. Die Samen sind in der Apotheke erhältlich, Naturliebhaber können die Samen allerdings auch selbst ab Mitte August am Waldrand ernten. Das Angelikasamenpulver mildert die blähende Wirkung der Wachtelbohnen.

Gefüllte Quitten

دلمه به

Für vier Personen

Dolme e Beh

2 mittelgroße Zwiebeln
Rapsöl, Sonnenblumenöl oder ein geschmacksneutrales gutes Öl
1 mittelgroße Möhre
100 g Basmatireis
Salz
¼ TL frisch gemörserter Safran (siehe Seite 21) (optional)
2 EL Rosinen
2 EL grob gehackte Walnüsse
2 EL frisch gepresster Zitronensaft
2 TL Zucker
frisch gemahlener Pfeffer
2 mittelgroße reife Quitten

- Zwiebeln schälen, klein schneiden und mit Öl in einer großen Pfanne goldbraun ausbraten. Eine Hälfte der Zwiebeln aus der Pfanne nehmen und beiseite stellen.
- Die Möhre schälen, fein raspeln, zu den restlichen Zwiebeln in die Pfanne geben und alles zusammen 3 weitere Minuten bei mittlerer Hitze anbraten.
- Den Reis mit 100 ml Wasser, 1 EL Öl, einer Prise Salz und Safran bissfest kochen. Die Rosinen waschen, abtropfen lassen und mit dem Reis und den Walnüssen zur Zwiebel-Möhren-Mischung in die Pfanne geben. Mit Zitronensaft, Zucker, Salz und Pfeffer abschmecken.
- Die Quitten aufrecht stellen und zwei bis drei Zentimeter unterhalb des Stielansatzes durchschneiden. Fruchtfleisch und Kerngehäuse mit einem Messer herausholen und dabei fünf bis zehn Millimeter Fruchtfleisch am Rand stehen lassen. Quitten mit der Reismischung füllen und den abgeschnittenen Stielansatz wieder aufsetzen.
- 100 ml Wasser mit 2 EL Öl und den beiseite gestellten angebratenen Zwiebeln in einem Topf kurz erhitzen. Die Quitten in den Topf setzen und zugedeckt bei schwacher Hitze 2 Stunden gar kochen.

Tipp Bei schwacher Hitze und langer Kochzeit werden die reifen Quitten wunderschön dunkelrot.

Gefüllte Tomaten

دلمه گوجه فرنگی

Für sechs Personen

Dolme e Godscheh Farangi

100 g Basmatireis
2 mittelgroße Zwiebeln
Rapsöl, Sonnenblumenöl oder ein geschmacksneutrales gutes Öl
50 g frische glatte Petersilie
50 g frische Minze
2 Frühlingszwiebeln
1 EL Tomatenmark
1 TL Zucker
frisch gepresster Saft einer Zitrone
Salz
frisch gemahlener Pfeffer
6 große Fleischtomaten

- Den Reis mit lauwarmem Wasser gründlich waschen, Wasser abgießen. Dann den Reis mit 100 ml Wasser bissfest kochen.
- Zwiebeln schälen, in dünne Streifen schneiden und mit Öl in einer Pfanne goldgelb braten. Die Kräuter und Frühlingszwiebeln waschen und klein schneiden. Einige Petersilienblättchen beiseite legen. Kräutermischung und Frühlingszwiebeln zu den Zwiebeln geben und nur kurz anbraten. Tomatenmark und Zucker in Zitronensaft auflösen. Reis mit Zwiebel-Kräuter-Mischung und angerührtem Tomatenmark vermengen. Mit Salz und Pfeffer abschmecken.
- Von den Tomaten jeweils einen Deckel abschneiden. Mit einem kleinen Löffel die Tomaten aushöhlen. Die ausgehöhlten Tomaten mit der Reismischung füllen und die Deckel wieder aufsetzen. Eine Auflaufform mit 2 EL Öl einfetten und die Tomaten in die Form setzen. Im vorgeheizten Backofen bei 175 °C (Umluft) 15 bis 20 Minuten backen.
- Die Tomaten auf einem flachen Teller anrichten und mit Petersilie verzieren.

Würzige Klöße aus Reis und Schälerbsen

کوفته ریزه

Koufte Riese

Für vier Personen

150 g Basmatireis
Salz
Rapsöl, Sonnenblumenöl oder ein geschmacksneutrales gutes Öl
2 EL gelbe Schälerbsen
2 EL Semmelbrösel
2 Eier
1 EL getrocknete Minze
50 g grob gehackte Walnüsse
2 EL Berberitzen
3 mittelgroße Zwiebeln
¼ TL Kurkumapulver
1 EL Tomatenmark
frisch gepresster Saft einer Zitrone
frisch gemahlener Pfeffer

- Den Reis gründlich waschen, Wasser abgießen. Dann mit 200 ml Wasser, einer Messerspitze Salz und 1 EL Öl bissfest kochen. Gelbe Schälerbsen ebenfalls mit Wasser gar kochen und dann abgießen.
- Semmelbrösel in einer großen Schüssel mit den Eiern vermengen. Den Reis und die Schälerbsen dazugeben. Die Minze, Walnüsse und Berberitzen untermischen. Die Mischung leicht salzen, dann zu einer homogenen Masse vermengen.
- Die Zwiebeln schälen, klein schneiden und mit Öl in einer Pfanne goldbraun ausbraten. Mit Kurkuma 2 weitere Minuten braten, dann mit 500 ml Wasser zum Kochen bringen. Tomatenmark und Zitronensaft dazugeben, mit Salz und Pfeffer abschmecken und bei schwacher Hitze köcheln lassen.
- Die Reismasse mit hohlen Händen in kreisender Bewegung zu walnussgroßen Kugeln formen. Die Kugeln vorsichtig in die kochende Zwiebelsauce setzen und bei schwacher Hitze eine Stunde kochen.
- Die Bällchen in einem tiefen Teller anrichten und die Sauce darübergießen.

Reisgerichte

Fast alles dreht sich um Reis – die weißen Körner stehen im Mittelpunkt der persischen Küche. Erst der Reis macht das Menü vollständig. Ob zusammen mit Gemüse oder Kräutern gekocht oder separat zu anderen Gemüsegerichten serviert – man richtet den Reis stets in einem großen flachen Teller an, aufgehäuft zu einem Berg, den Gipfel verziert mit Safranreis oder gesüßten, rot glänzenden Berberitzen.

Bewährt haben sich zwei Kochmethoden, die sich in Zeit und Aufwand unterscheiden. Bei der ersten Methode kocht man den Reis in einem Schritt mit einer abgemessenen Menge Wasser, bei der zweiten Methode kocht man den Reis in einer größeren Menge Wasser erst bissfest, gießt dann mit dem Kochwasser die aus den Reiskörnern ausgewaschene Stärke ab und lässt den Reis anschließend zugedeckt so lange dämpfen, bis er gar ist. Bei großen Reismengen ergibt die zweite Methode das bessere Ergebnis.

Bild links oben: Nordiran, Reisfelder
unten: Wüste Dascht-e Lut, Dattelpalmen

Reis in zwei Schritten kochen

چلو

Tschelo

Für vier Personen

500 g Basmatireis
3 EL Salz
3 EL Rapsöl, Sonnenblumenöl oder ein geschmacksneutrales gutes Öl
50 g Butter
½ TL frisch gemörserter Safran (siehe Seite 21)

- Reis in einer Schüssel gründlich mit lauwarmem Wasser waschen. Dann mit einem Liter Wasser und 2 EL Salz 2 bis 3 Stunden einweichen.
- 2 Liter Wasser mit 1 EL Salz in einem Topf zum Kochen bringen. Den Reis abgießen und ins kochende Wasser geben. 6 bis 10 Minuten (je nach Reissorte) bei mittlerer Hitze bissfest kochen und gelegentlich umrühren. Reis ist bissfest, wenn man beim Beißen auf ein Reiskorn noch einen leichten Widerstand spürt. Den Reis in ein Sieb geben, gut abtropfen lassen.
- Den Topf abspülen und gut abtrocknen. Das Öl und 5 EL Wasser in den Topf geben und den Reis locker mit einem Schaumlöffel im Topf zu einem Hügel häufen. Mit dem Stiel des Schaumlöffels den Reis vier bis fünf Mal an verschiedenen Stellen bis zum Boden des Topfes durchlöchern.
- Den Reis 15 Minuten zugedeckt bei mittlerer Hitze kochen, dabei nicht umrühren. Butter in einem kleinen Topf zerlassen, 5 EL heißes Wasser dazumischen und die Mischung gleichmäßig über den Reis gießen.
- Den Topfdeckel mit einem Küchentuch einwickeln und den Topf mit dem eingewickelten Deckel sofort dicht abdecken. Reis bei schwacher Hitze 20 Minuten dämpfen, dabei nicht umrühren. Durch Rühren zerbrechen die Reiskörner!
- Safran mit 2 EL warmem Wasser mischen und 5 Minuten auflösen. Einen Schaumlöffel voll Reis mit dem aufgelösten Safran gut vermischen und wieder in den Topf geben, aber nicht mit dem übrigen Reis mischen. Etwa 10 Minuten fertig garen.
- Den Topf vom Herd nehmen und eine Minute in kaltem Wasser kühlen. Den goldgelben Safranreis separat aus dem Topf nehmen, den restlichen Reis auf einem großen Teller anrichten und mit dem Safranreis verzieren.

Tipp

Die Garzeit ist abhängig von der Reissorte und davon, ob der Reis vorher eingeweicht wurde. Die Dauer des Einweichens ist für die Garzeit weniger entscheidend als das Einweichen als solches. Falls der Reis kurz vor dem Ende der angegebenen Dämpfzeit noch nicht gar ist, kann man noch einige Esslöffel Wasser hinzufügen und den Reis wenige Minuten weiterdämpfen.

Tipp

Etwas festlicher lässt sich der Reis mit Berberitzen garnieren. Ganz einfach: 2 EL Beeren verlesen, waschen und in einem Sieb abtropfen lassen. Mit 2 EL Rapsöl oder Sonnenblumenöl, 2 EL Zucker, 3 EL Wasser und einer Messerspitze Safran in einem kleinen Topf bei mittlerer Hitze 5 Minuten dünsten, bis sich der Zucker löst und die Beeren süßlich sind. Dann den Reis auf einem großen Teller anrichten und mit den gesüßten Beeren verzieren.

Gewürzmischung für Reis

ادویه پلوها

Advieh e Polo-i

4 EL gemahlene Rosenblüten
4 EL Zimtpulver
2 EL Kardamompulver
2 EL frisch geriebene Muskatnuss

- Alle Zutaten mischen.
- In einem Glas oder einer Gewürzdose dunkel und trocken lagern.

Tipp

Die Gewürzmischung kann man vor dem Gebrauch in einer schweren Pfanne bei scharfer Hitze ohne Fett kurz erhitzen. Dadurch entfalten sie ihr Aroma besser.

Reis in einem Schritt kochen, einfach und schnell

کته

Kateh

Für vier Personen

500 g Basmatireis
1 TL Salz
60 g Butter oder ein geschmacksneutrales gutes Öl

- Den Reis in einem Topf gründlich mit lauwarmem Wasser waschen, das Wasser dann abgießen. 750 ml Wasser, Salz und Butter oder Öl zum Reis geben und bei mittlerer Hitze zugedeckt köcheln lassen, bis der Reis die Flüssigkeit aufnimmt.
- Topfdeckel mit einem Küchentuch einwickeln. Den Topf mit dem eingewickelten Deckel schließen und den Reis bei schwacher Hitze noch 20 bis 30 Minuten gar dämpfen. Den Topf vom Herd nehmen und eine Minute in kaltes Wasser stellen.

Tipp Das Küchentuch zieht das Kondenswasser auf und sorgt dafür, dass der Reis nicht pampig wird.

Gemüsereis

پلو سبزیجات

Polo e Sabsidschat

Für sechs Personen

300 g Basmatireis
Salz
2 mittelgroße Zwiebeln
Rapsöl, Sonnenblumenöl oder ein geschmacksneutrales gutes Öl
200 g grüne Bohnen
2 mittelgroße Möhren
1 mittelgroße gelbe Paprikaschote
1 mittelgroße rote Paprikaschote
½ kleiner Blumenkohl
frisch gemahlener Pfeffer
½ TL Reisgewürz (siehe Seite 43)
50 g Butter

- Den Reis gründlich waschen. Dann den Reis in einem Liter Wasser mit 1 EL Salz 2 bis 3 Stunden einweichen.
- Zwiebeln schälen, in kleine Streifen schneiden und mit Öl glasig dünsten.
- Spitzen und Stielansätze der grünen Bohnen abschneiden und dabei abfädeln, die Bohnen in einen Zentimeter lange Stücke schneiden. Möhren schälen und in einen Zentimeter große Würfel schneiden, zusammen mit den grünen Bohnen unter die Zwiebeln in die Pfanne geben und 3 bis 4 Minuten anbraten. 100 ml Wasser dazugeben und bei schwacher Hitze zugedeckt bissfest kochen. Die Flüssigkeit sollte am Ende fast vollständig verdampft sein.
- Die Paprikaschoten in einen Zentimeter große Würfel schneiden. Blumenkohl in kleine Röschen teilen. Röschen zusammen mit Paprikawürfeln in einer Pfanne mit Öl kurz anbraten.
- Das gesamte gebratene Gemüse mischen, mit Salz und Pfeffer abschmecken.
- In einem Topf 3 Liter Wasser zum Kochen bringen. Den Reis abgießen und im kochenden Wasser bissfest kochen. Danach durch ein Sieb abgießen.
- 2 EL Öl und 4 EL Wasser in einem großen Topf kurz erhitzen. Topf schichtweise mit Reis, Reisgewürz und Gemüsemischung füllen, bei mittlerer Hitze 10 Minuten zugedeckt kochen. Anschließend nach der Tschelo-Methode (siehe Seite 42) 30 Minuten gar dämpfen.
- Butter zerlassen. Den Gemüsereis in einem großen Teller anrichten und zerlassene Butter darübergießen.

Reis mit Spinat und Brotkruste

اسفناج پلو با ته دیگ نان

Esfanadsch Polo ba Tahdig e Nan

Für vier Personen

400 g Basmatireis
Salz
1 kg junger Blattspinat
2 mittelgroße Zwiebeln
Rapsöl, Sonnenblumenöl oder ein geschmacksneutrales gutes Öl
½ TL Reisgewürz (siehe Seite 43) (optional)
2 Knoblauchzehen
frisch gemahlener Pfeffer
¼ TL Kurkumapulver
hauchdünnes Fladenbrot für den Topfboden
50 g Butter

- Reis gründlich waschen. Dann den Reis in einem Liter Wasser mit 2 EL Salz 2 bis 3 Stunden einweichen.
- Spinat putzen, die groben Rippen herauslösen, Blätter waschen, abtropfen lassen und in zwei Zentimeter breite Streifen schneiden. Die Zwiebeln schälen, klein schneiden und mit Öl in einer Pfanne goldgelb andünsten, das Reisgewürz unterrühren. Knoblauch schälen, klein hacken und mit dem Spinat unter die Zwiebeln mischen. Alles bei mittlerer Hitze 3 Minuten unter ständigem Rühren anbraten. Mit Salz und Pfeffer abschmecken.
- In einem großen Topf 3 Liter Wasser zum Kochen bringen. Den Reis abgießen und in das kochende Wasser geben. Bei mittlerer Hitze bissfest kochen und durch ein Sieb abgießen.
- In einen Topf 5 EL Öl, 2 EL Wasser und Kurkumapulver geben, kurz erhitzen und den Topfboden mit dem Brot belegen. Den Reis und die Spinatmischung schichtweise in den Topf füllen, bei mittlerer Hitze 10 Minuten zugedeckt garen. Die Butter in einem kleinen Topf zerlassen, mit 2 EL heißem Wasser mischen und über den Reis gießen. Den Topfdeckel mit einem Tuch einwickeln und den Topf damit bedecken. Reismischung bei schwacher Hitze 30 Minuten dämpfen, dabei nicht umrühren. Den Topfboden anschließend eine Minute in kaltem Wasser kühlen.
- Den Spinatreis in einen Teller geben. Die Brotkruste mit einem Messer vom Topfboden lösen, vierteln und um den Reisteller anrichten.

Tipp Hauchdünnes Fladenbrot ist in türkischen und persischen Läden erhältlich.

Tipp Beim Reiskochen in zwei Schritten wie bei diesem Rezept bildet sich eine Reiskruste am Topfboden. Hier kann man seine Fantasie spielen lassen und den Topfboden mit dünnem Brot oder verschiedenen Gemüsesorten belegen. Damit lassen sich Geschmack und Farbe der Reiskruste variieren, und es kommt jedes Mal eine Überraschung aus dem Reistopf! Mal werden knusprige Kartoffelscheiben, mal Salatblätter oder Möhren mit dem Reis als leckere Kruste verbacken. Ist die Kruste schön knusprig geworden, erfreut sie sich meist großer Beliebtheit bei den Gästen.

Reis mit Auberginen und Kartoffelkruste

قیمه بادنجان پلو

Geimeh Badendschan Polo

Für vier Personen

300 g Basmatireis
Salz
2 mittelgroße Zwiebeln
Rapsöl, Sonnenblumenöl oder ein geschmacksneutrales gutes Öl
2 mittelgroße Auberginen
50 g gelbe Schälerbsen
½ TL frisch gemörserter Safran (siehe Seite 21)
2 EL Tomatenmark
frisch gemahlener Pfeffer
½ TL Reisgewürz (siehe Seite 43) (optional)
1 TL getrocknete und gemahlene Limetten (siehe Seite 23) oder 2 EL frisch gepresster Zitronensaft
2 mittelgroße Kartoffeln
1 Messerspitze Kurkumapulver
50 g Butter

- Den Reis gründlich waschen. Dann den Reis in einem Liter Wasser mit 2 EL Salz 2 bis 3 Stunden einweichen.
- Zwiebeln schälen, in dünne Streifen schneiden und mit Öl goldgelb andünsten.
- Auberginen schälen, in zwei Zentimeter große Würfel schneiden. 3 EL Öl in einer Pfanne erhitzten und die Auberginen kurz anbraten. Gelbe Schälerbsen mit 150 ml Wasser und ½ TL Salz gar kochen. Dann durch ein Sieb abgießen.
- Safran in 75 ml heißem Wasser auflösen, mit Tomatenmark mischen und mit den Schälerbsen und gerösteten Zwiebeln unter die Auberginen mischen. Mit Salz und Pfeffer, Reisgewürz und Limettenpulver oder Zitronensaft abschmecken und 5 Minuten kochen.
- Kartoffeln waschen, schälen und in einen Zentimeter dicke Scheiben schneiden.

- In einem Topf 3 Liter Wasser zum Kochen bringen. Den Reis abgießen und im kochenden Wasser bissfest kochen. Anschließend durch ein Sieb abgießen.
- 5 EL Öl und Kurkuma in einem großen Topf erhitzen und vom Herd nehmen. Den Topfboden mit einer Schicht Kartoffelscheiben bedecken, zwei Schaumlöffel Reis in den Topf geben, den restlichen Reis und die Auberginenmischung schichtweise in den Topf füllen.
- Auberginenreis 10 Minuten bei mittlerer Hitze zugedeckt kochen. Anschließend nach der Tschelo-Methode (siehe Seite 42) 30 Minuten gar dämpfen.
- Topfboden eine Minute in kaltem Wasser kühlen. Die Butter zerlassen. Den Auberginenreis in einen großen Teller geben und die zerlassene Butter darübergießen. Die Kartoffelkruste vom Topfboden lösen und um den Reisteller anrichten.

Dillreis mit Kartoffeln und Salatkruste

سیب زمینی پلو با ته دیگ کاهو

Sibzamini Polo ba Tahdig e Kahou

Für vier Personen

250 g Basmatireis
3 EL Salz
400 g Kartoffeln
200 g frischer Dill
3 EL Rapsöl, Sonnenblumenöl oder ein geschmacksneutrales gutes Öl
1 Römersalat
½ TL Reisgewürz (siehe Seite 43)(optional)
50 g Butter
½ TL frisch gemörserter Safran (siehe Seite 21)

- Den Reis gründlich waschen. Dann den Reis in einem Liter Wasser mit 2 EL Salz 2 bis 3 Stunden einweichen. Danach das Wasser abgießen.
- Kartoffeln schälen und in kleine Würfel schneiden. Dill putzen, waschen und fein hacken.
- In einem Topf 2 Liter Wasser zum Kochen bringen. Den eingeweichten Reis im kochenden Wasser mit 1 EL Salz bissfest kochen, Kartoffelwürfel untermischen und danach die Reis-Kartoffel-Mischung sofort durch ein Sieb abgießen.
- Topf abspülen und gut trocknen. 3 EL Öl in den Topf geben und kurz erhitzen. Den Topfboden mit einer Schicht grüner Salatblätter (ohne weiße Stiele) bedecken. Die Reis-Kartoffel-Mischung, den gehackten Dill und das Reisgewürz schichtweise in den Topf füllen, 10 Minuten bei mittlerer Hitze zugedeckt kochen.
- Butter in einem kleinen Topf zerlassen, mit Safran und 4 EL heißem Wasser vermischen und über den Reis gießen. Anschließend nach der Tschelo-Methode (siehe Seite 42) 30 Minuten gar dämpfen.
- Den Topfboden eine Minute in kaltem Wasser kühlen. Reisgericht in einem Teller anrichten. Die Salatkruste vom Topfboden lösen und auf einen Teller stürzen.

Tipp Dazu passt Gurken-Tomaten-Salat (*Salad e Schirasi*, Seite 140).

Reis mit Kohlrabi und Linsen

کلم قمری پلو

Kalam Gomri Polo

Für sechs Personen

300 g Basmatireis
Salz
100 g grüne Linsen
2 mittelgroße Kohlrabi
Rapsöl, Sonnenblumenöl oder ein geschmacksneutrales gutes Öl
2 mittelgroße Zwiebeln
½ TL Reisgewürz (siehe Seite 43)
100 g frischer Dill
200 g frisches Basilikum
200 g frischer Estragon
50 g Butter
½ TL frisch gemörserter Safran (siehe Seite 21)(optional)

- Den Reis gründlich waschen. Dann den Reis in einem Liter Wasser mit 2 EL Salz 2 bis 3 Stunden einweichen.
- Linsen mit 200 ml Wasser und etwas Salz gar kochen.
- Kohlrabi schälen, in fünf Millimeter dicke Streifen schneiden. Mit Öl in einer Pfanne kurz anbraten. Zwiebeln schälen, in kleine Streifen schneiden, mit Öl anbraten und Reisgewürz hinzufügen. Kohlrabi mit 100 ml Wasser zu den Zwiebeln geben und zum Kochen bringen. Mit Salz abschmecken und bissfest kochen.
- Dill, Basilikum und Estragon putzen, waschen, fein schneiden und unter die Linsen mischen. Linsen-Kräuter-Mischung zu Kohlrabi und Zwiebeln geben.
- 3 Liter Wasser in einem Topf zum Kochen bringen. Den Reis abgießen, ins heiße Wasser geben und bissfest kochen, dann in einem Sieb abtropfen lassen.
- 2 EL Öl und 4 EL Wasser in einem großen Topf kurz erhitzen. Den Reis und die Linsen-Kohlrabi-Mischung schichtweise in den Topf füllen. Bei mittlerer Hitze 10 Minuten zugedeckt kochen. Butter in einem kleinen Topf zerlassen und mit 5 EL Wasser über den Reis gießen. Anschließend nach der Tschelo-Methode (siehe Seite 42) 30 Minuten gar dämpfen.
- Safran in 2 EL heißem Wasser auflösen und mit 6 EL fertig gedämpftem Reis mischen. Den goldgelben Safranreis zur Seite stellen, das restliche Reisgericht in einem großen Teller anrichten und mit dem Safranreis verzieren.

Reis mit Bulgur und Dicken Bohnen

کته باقالا

Kateh Bagali

Für vier Personen

100 g getrocknete gelbe Dicke Bohnen
100 g grober Bulgur
3 mittelgroße Zwiebeln
Rapsöl, Sonnenblumenöl oder ein geschmacksneutrales gutes Öl
1 TL Kurkumapulver
Salz
½ TL Reisgewürz (siehe Seite 43)
200 g Basmatireis
50 g Butter

- Getrocknete Bohnen und Bulgur über Nacht in 400 ml Wasser zusammen einweichen.
- Zwiebeln schälen, klein schneiden und mit Öl in einer Pfanne goldbraun ausbraten, Kurkuma dazugeben und eine Minute rühren.
- Eingeweichte Bohnen und eingeweichten Bulgur mit dem Einweichwasser in einen Topf geben, Zwiebeln untermischen und mit Salz abschmecken. Reisgewürz hinzufügen.
- 300 ml Wasser zum Kochen bringen. Gewaschenen Reis und das kochende Wasser zur Bohnenmischung geben, vermengen und bei mittlerer Hitze zugedeckt kochen, bis der Reis die Flüssigkeit aufzunehmen beginnt. Butter in kleine Würfel schneiden und auf der Reismischung verteilen. Den Topfdeckel mit einem Tuch einwickeln und den eingewickelten Deckel auf den Topf legen. Bei schwacher Hitze 30 Minuten dämpfen lassen.

Tipp Dazu passen eingelegte Auberginen (*Badendschan Torschi,* Seite 145).

Rosinen-Walnuss-Reis

دمی کشمش

Dami e Keschmesch

Für vier Personen

2 mittelgroße Zwiebeln
Rapsöl, Sonnenblumenöl oder ein geschmacksneutrales gutes Öl
100 g Rosinen
½ TL Reisgewürz (siehe Seite 43)
½ TL Kurkumapulver
100 g grob gehackte Walnüsse
300 g Basmatireis
50 g Butter
Salz

- Zwiebeln schälen, klein schneiden, mit Öl in einer Pfanne goldgelb andünsten.
- Rosinen verlesen, waschen, abtropfen lassen und in der Pfanne mit den Zwiebeln 2 Minuten anbraten. Mit Reisgewürz und Kurkuma würzen, kurz umrühren, vom Herd nehmen und die Walnüsse untermischen.
- In einem Topf 600 ml Wasser zum Kochen bringen. Den gewaschenen Reis mit der Butter in das kochende Wasser geben und mit Salz abschmecken. Bei mittlerer Hitze so lange zugedeckt kochen, bis der Reis das Wasser aufzunehmen beginnt.
- Die Zwiebel-Rosinen-Walnuss-Mischung zum Reis geben und vermengen. Topfdeckel in ein Tuch einwickeln, den eingewickelten Deckel wieder auf den Topf legen und das Gericht bei schwacher Hitze 30 Minuten fertig dämpfen.

Tipp Dazu passt Spinat mit Joghurt *(Borani Esfanadsch,* Seite 136).

Kräuterreis

سبزی پلو

Sabsi Polo

Für vier Personen

300 g Basmatireis
Salz
100 g frischer Dill
100 g frische glatte Petersilie
100 g frischer Koriander
1 Bund frischer Schnittlauch
2 Stangen frischer junger Knoblauch (siehe Seite 19) oder 3 Knoblauchzehen
Rapsöl, Sonnenblumenöl oder ein geschmacksneutrales gutes Öl
50 g Butter
½ TL Reisgewürz (siehe Seite 43)

- Den Reis gründlich waschen. Dann den Reis in einem Liter Wasser mit 2 EL Salz 2 Stunden einweichen.
- Kräuter verlesen, waschen, abtropfen lassen und anschließend klein hacken. Den frischen Knoblauch putzen, waschen und klein schneiden oder die Knoblauchzehen schälen und klein schneiden.
- 3 Liter Wasser in einem Topf zum Kochen bringen. Den Reis abgießen und in das kochende Wasser geben. 6 bis 10 Minuten bissfest kochen, dann durch ein Sieb abgießen.
- 2 EL Öl und 4 EL Wasser in einem Topf kurz erhitzen. Den Topfboden mit 2 EL frisch geschnittenen Kräutern bedecken. Topf mit Reis, geschnittenem Knoblauch und den restlichen Kräutern schichtweise füllen, bei mittlerer Hitze 10 Minuten zugedeckt kochen. Butter in einem kleinen Topf zerlassen, 5 EL heißes Wasser und Reisgewürz dazumischen und gleichmäßig über die Reis-Kräuter-Mischung gießen. Nach der Tschelo-Methode (siehe Seite 42) 30 Minuten gar dämpfen.
- Den Kräuterreis in einem großen Teller anrichten.

Tipp Am Topfboden bildet sich eine leckere Reis-Kräuter-Kruste.

Nourus – sieben Symbole für das neue Jahr

Kein Fest ist im persischen Kalender wichtiger als Nourus, und das schon seit über 3000 Jahren. Das Wort »Nourus« bedeutet »Neuer Tag«. Gefeiert wird damit die Ankunft des Frühlings, die Wiedergeburt des Lebens nach dem langen Winter. Höhepunkt ist der astronomische Frühlingsbeginn, wenn sich die Tageslänge und Nachtlänge gleichen, also der 20. oder 21. März. Dann beginnt das neue Jahr.

Man kann sich das Fest etwa so vorstellen wie in christlichen Ländern Weihnachten und Neujahr zusammen: Es wird zwei Wochen lang gefeiert, man besucht in dieser Zeit viele Freunde und Verwandte und verteilt allerlei Geschenke. Statt eines Nadelbaumes sorgt *Haft Sin* für die richtige Atmosphäre. *Haft Sin* steht für »Sieben S« – mindestens sieben Dinge, die auf einem Tisch bunt und liebevoll angerichtet werden und alle mit dem Buchstaben S beginnen:

- *Sabzeh* (Sprossen) sind in einem tiefen Teller oder Tablett gekeimte Samen von Weizen, Linsen, Wicken oder Kresse. Innerhalb weniger Tage wächst dieses Symbol für die Erneuerung des Lebens und für eine reiche Ernte zu einer kleinen Wiese, die man nach dem Fest in einem Fluss oder Bach davonschwimmen lässt.
- *Samanu* ist ein süßer Pudding aus Weizensprösslingen. Er symbolisiert Reichtum.
- *Seer* (Knoblauch) repräsentiert Medizin und Gesundheit.
- *Seeb* (Apfel) – ein Sinnbild für Schönheit.
- *Sumach* (Sumach): Dieses saure Gewürz aus den gemahlenen Beeren des Sumachstrauches steht für die rote Farbe der aufgehenden Sonne.
- *Serkeh* (Essig) ist ein Symbol für hohes Alter und viel Geduld.
- *Sonbol* (Hyazinthe) – eine typische Frühlingsblume.
- *Sekke* (Münzen) für das materielle Wohlergehen.
- *Sendsched* (Mehlbeeren): Sie sollen im neuen Jahr viel Liebe bringen.

Die sieben oder mehr Dinge werden meist noch um ein paar weitere Symbole erweitert: Kerzen und ein Spiegel stehen für Licht und Ehrlichkeit, eine Bitterorange in einer Schüssel Wasser stellt die Erde dar, ein Goldfisch in einer Glaskugel deutet auf Gesundheit und Wohlstand, und bunt gefärbte Eier sind wie die Ostereier hierzulande ein Fruchtbarkeitssymbol.

Kommt endlich der Jahreswechsel, setzt sich die ganze Familie rund um den Tisch und zündet die Kerzen an. Auf die Minute pünktlich zum astronomischen Frühlingsbeginn – das ist jedes Jahr zu einer anderen Uhrzeit – gratulieren sich alle gegenseitig zum neuen Jahr. Anschließen wird gegessen, oft Kräuterreis mit Kräuterpfannkuchen oder Nudelreis – das sind alles Speisen, die ein glückliches, erfolgreiches und langes Leben symbolisieren. Für Gäste wird im Wohnzimmer ein Tisch mit Süßigkeiten, Obst und Nüssen gedeckt.

Augenbohnen-Dill-Reis

لوبیا چشم بلبلی پلو

Loubia Tscheschm Bolboli Polo

Für vier Personen

150 g Augenbohnen
200 g Basmatireis
30 g Butter
2 EL getrocknete Dillspitzen
¼ TL Reisgewürz (siehe Seite 43)
Salz
1 große Zwiebel
Rapsöl, Sonnenblumenöl oder ein geschmacksneutrales gutes Öl
10 frische Datteln

- Die Augenbohnen über Nacht in Wasser einweichen. Einweichwasser abgießen und die Bohnen mit 150 ml Wasser etwa 45 Minuten gar kochen. Die Kochzeit reduziert sich, wenn man die Augenbohnen vorher einweicht.
- Den Reis gründlich waschen. Dann mit 300 ml Wasser und der Butter bei mittlerer Hitze zugedeckt bissfest kochen, bis keine Flüssigkeit mehr über dem Reis zu sehen ist.
- Gegarte Bohnen, Dillspitzen und Reisgewürz vorsichtig mit dem Reis vermischen. Mit Salz abschmecken. Den Topfdeckel in ein Tuch einwickeln und den Augenbohnen-Dill-Reis zugedeckt bei schwacher Hitze 20 Minuten gar dämpfen.
- Die Zwiebel schälen, klein schneiden und mit Öl in einer Pfanne goldgelb anbraten. Die Datteln entsteinen, zur Zwiebel geben und 2 Minuten bei mittlerer Hitze braten.
- Die Reis-Bohnen-Mischung auf einem großen flachen Teller anrichten und mit den angebratenen Datteln verzieren.

Charakteristisch für Augenbohnen ist ein dunkler Ring, der wie ein Auge aussieht und den Bohnen ihren Namen gab. Auf Persisch heißt die Bohne *Tscheschm Bolboli*, was etwa »Nachtigallauge« bedeutet.

Korianderreis mit Weißen Rüben

دمی شلغم و گشنیز

Dami e Schalgam-Geschnis

Für zwei Personen

2 mittelgroße Zwiebeln
Rapsöl, Sonnenblumenöl oder ein geschmacksneutrales gutes Öl
2 mittelgroße Weiße Rüben
1 TL getrocknete und gemahlene Limetten (siehe Seite 23)
¼ TL Reisgewürz (siehe Seite 43)
200 g frischer Koriander
200 g Basmatireis
1 TL Salz

- Die Zwiebeln schälen, klein schneiden und mit Öl in einer Pfanne goldgelb anbraten.
- Die Weißen Rüben schälen, in kleine Würfel schneiden und unter die Zwiebeln mischen. Limettenpulver und Reisgewürz dazugeben, bei mittlerer Hitze 2 Minuten anbraten.
- Koriander putzen, waschen, abtropfen lassen, klein hacken und beiseite stellen.
- Gewaschenen Reis mit 300 ml Wasser, Salz und 2 EL Öl bei mittlerer Hitze zugedeckt kochen, bis der Reis das Wasser aufzunehmen beginnt.
- Weiße Rüben und Koriander unter den Reis mischen. Topfdeckel in ein Tuch wickeln, den eingewickelten Deckel wieder auf den Topf legen und das Gericht 30 Minuten bei schwacher Hitze gar dämpfen.

Roter Reis mit Brechbohnen

لوبیا پلو

Lubia Polo

Für 4 Personen

400 g Basmatireis
Salz
1 mittelgroße Zwiebel
3 EL Rapsöl, Sonnenblumenöl oder ein geschmacksneutrales gutes Öl
200 g Brechbohnen
750 ml passierte Tomaten
3 EL Tomatenmark
frisch gemahlener Pfeffer
100 g Butter
1 Messerspitze Zimtpulver

- Reis gründlich waschen und abtropfen lassen, dann in 1 Liter Wasser mit 1 EL Salz 2 bis 3 Stunden einweichen.
- Zwiebel schälen, in kleine Streifen schneiden und mit Öl glasig dünsten.
- Stielansätze und Spitzen der Brechbohnen abschneiden, die Bohnen in einen Zentimeter lange Stücke schneiden. Bohnen unter die Zwiebeln in die Pfanne geben und 3 bis 4 Minuten anbraten.
- Passierte Tomaten, Tomatenmark und die Bohnenmischung in einen Topf geben. Bei schwacher Hitze zugedeckt gar kochen, mit Salz und Pfeffer abschmecken.
- Den eingeweichten Reis abgießen, mit der Butter und dem Zimt zur Gemüsemischung in den Topf geben, bei scharfer Hitze zum Kochen bringen, dann 20 bis 30 Minuten bei schwacher Hitze gar dämpfen lassen.

Dattel-Rosinen-Reis

شیر پلا

Schirpala

Für vier Personen

300 g Basmatireis
300 ml Milch
¼ TL frisch gemörserter Safran (siehe Seite 21)
½ TL Salz
20 g Butter
1 große Zwiebel
Rapsöl, Sonnenblumenöl oder ein geschmacksneutrales gutes Öl
100 g Rosinen
150 g frische Datteln
2 mittelgroße Kartoffeln

- Gewaschenen Reis mit 150 ml Wasser und der Milch in einen Topf geben. Safran in 1 EL lauwarmem Wasser auflösen, mit dem Salz unter den Reis mischen und die Mischung zum Kochen bringen. Butter hinzufügen und bei mittlerer Hitze zugedeckt kochen, bis der Reis die Flüssigkeit aufzunehmen beginnt.
- In der Zwischenzeit die Zwiebel schälen, klein schneiden und mit Öl in einer Pfanne goldbraun ausbraten.
- Rosinen verlesen und mit lauwarmem Wasser waschen, gut abtropfen lassen. Die Datteln entsteinen und halbieren. Rosinen und Datteln mit gedünsteter Zwiebel vermengen.
- Die Kartoffeln schälen und in einen Zentimeter dicke Scheiben schneiden. 3 EL Öl in einem Topf erhitzen und den Topfboden mit Kartoffelscheiben belegen. Die Hälfte des Reises auf die Kartoffeln setzen, die Dattel-Rosinen-Mischung darauf verteilen und mit dem restlichen Reis bedecken. Topfdeckel mit einem Tuch einwickeln. Reis zugedeckt noch 20 bis 30 Minuten bei schwacher Hitze gar dämpfen.

Suppen

Wenn draußen eine kalte Brise weht – dann ist die Zeit für einen Asch! Die dicke Suppe, die oft mehr einem Eintopf ähnelt, ist ein typisches Gericht für Herbst und Winter. Je nachdem, was gerade an Gemüsen, Kräutern und Hülsenfrüchten zur Hand ist, kann man unzählige Asch-Varianten kreieren.

Asch sollte immer auch Reis, anderes Getreide oder Getreideprodukte enthalten, deren Stärke dafür sorgt, dass Kräuter und Hülsenfrüchte nicht in der Flüssigkeit versinken. Egal, ob Reis in Joghurtsuppen oder Kohlsuppen, anderes Getreide in Obstsuppen oder Nudeln aus Weizenmehl in Nudelsuppen, die Stärke garantiert stets eine dickflüssige Konsistenz. Sind alle Zutaten frisch, gelingt mit einer Prise Geduld sowie den richtigen Gewürzen fast immer ein harmonisches Gericht. Die Zutaten werden nie püriert – schließlich soll man immer sehen, was man isst.

Bild links oben: Isfahan, Scheich-Lotfollah-Moschee
unten: Isfahan, Si-o-Se Pol, 33-Bogen-Brücke

Tomatensuppe

آش گوجه فرنگی

Für vier Personen

Asch e Godscheh Farangi

75 g grüne Linsen
3 mittelgroße Zwiebeln
Rapsöl, Sonnenblumenöl oder ein geschmacksneutrales gutes Öl
½ TL Kurkumapulver
75 g feiner Bulgur
1 Bund Schnittlauch
100 g frischer Koriander
100 g frische glatte Petersilie
50 g frische Minze
2 mittelgroße Möhren
1 kg reife Tomaten
2 EL Tomatenmark
Salz
frisch gemahlener Pfeffer
frisch gepresster Saft einer Zitrone (optional)

- Linsen mit lauwarmem Wasser waschen. In einen großen Topf geben und in 2 Liter Wasser bissfest kochen.
- Zwiebeln schälen, klein würfeln und mit Öl in einer Pfanne goldgelb andünsten, Kurkuma dazugeben und kurz weiterbraten. Den Bulgur waschen und zusammen mit den gerösteten Zwiebeln in den Topf zu den Linsen geben. Alles gar kochen, dabei gelegentlich umrühren.
- Die Kräuter putzen, waschen und klein schneiden. Möhren raspeln, zusammen mit den Kräutern in die Suppe geben, dabei etwas gehackte Petersilie für die Verzierung beiseite stellen. Bei mittlerer Hitze eine Stunde weiterkochen.
- Tomaten waschen, häuten, klein schneiden und mit dem Tomatenmark in den Topf geben. Mit Salz, Pfeffer und Zitronensaft abschmecken, dann bei mittlerer Hitze noch 45 Minuten kochen und rühren, bis die Suppe andickt.
- Suppe in eine Schüssel füllen und gehackte Petersilie kranzförmig darüberstreuen.

Granatapfelsuppe

آش انار

Asch e Anar

Für vier Personen

50 g grüne Linsen
70 g Rundkornreis
3 mittelgroße Zwiebeln
Rapsöl, Sonnenblumenöl oder ein geschmacksneutrales gutes Öl
½ TL Kurkumapulver
1 Bund Schnittlauch
100 g frischer Koriander
100 g frische glatte Petersilie
50 g frische Minze
500 ml Granatapfelsaft
Salz
frisch gemahlener Pfeffer
1 EL getrocknete Minze

- Linsen und Reis waschen und in einen Topf geben. In einem Liter Wasser gar kochen.
- Die Zwiebeln schälen, klein würfeln und im Öl goldbraun braten. Kurkuma dazugeben und kurz weiterbraten. Die Kräuter verlesen, waschen und klein schneiden. Zusammen mit den gerösteten Zwiebeln in den Topf zu Reis und Linsen geben und 30 Minuten zugedeckt kochen.
- Granatapfelsaft hinzufügen. Mit Salz und Pfeffer abschmecken und bei mittlerer Hitze unter gelegentlichem Rühren etwa 30 Minuten andicken lassen. Noch etwas kochendes Wasser dazugießen, wenn die Suppe zu dick ist.
- Getrocknete Minze in 3 EL Öl kurz anbraten, bis die Minze fein duftet. Die Suppe in einer Schüssel anrichten und mit der angebratenen Minze verzieren.

Kohlsuppe

آش کلم

Asch e Kalam

Für vier Personen

75 g Kidneybohnen
100 g Rundkornreis
50 g grüne Linsen
3 mittelgroße Zwiebeln
Rapsöl, Sonnenblumenöl oder ein geschmacksneutrales gutes Öl
½ TL Kurkumapulver
1,5 kg Weißkohl
150 ml flüssiges Kaschk oder 150 g saure Sahne
Salz
frisch gemahlener Pfeffer
1 EL getrocknete Minze

- Kidneybohnen in einen Topf geben, waschen, zwei Finger breit mit Wasser bedecken und über Nacht einweichen lassen. Am nächsten Tag im Einweichwasser bissfest kochen. Reis und Linsen waschen, zu den Bohnen geben und alles 30 Minuten gar kochen, gegebenenfalls noch Wasser dazugeben.
- In der Zwischenzeit die Zwiebeln schälen, würfeln und mit Öl in einer Pfanne goldgelb anbraten, Kurkuma dazugeben und kurz rühren.
- Weißkohl vierteln, den Strunk herausschneiden. Weißkohl in sehr schmale Streifen schneiden und zusammen mit den gerösteten Zwiebeln mit einem Liter Wasser gar kochen. Die gekochten Bohnen, den Reis und die Linsen zusammen mit dem gegebenenfalls restlichen Kochwasser der Hülsenfrüchte zum Kohl geben, alles gut mischen.
- Kaschk dazugeben und mindestens 20 Minuten unter ständigem Rühren und bei schwacher Hitze köcheln lassen, bis die Suppe andickt. Wenn man saure Sahne verwendet, diese ganz zum Schluss zur Suppe geben und nicht mitkochen lassen. Eventuell etwas kochendes Wasser dazugeben, wenn die Suppe zu dick ist. Mit Salz und Pfeffer abschmecken.
- Die getrocknete Minze mit 2 EL Öl kurz anbraten, bis die Minze leicht duftet. Die Suppe in eine Schüssel geben, mit gerösteter Minze verzieren.

Kaschk – getrocknete Buttermilch aus Joghurt verfeinert Suppen

Joghurt, Sahne, Butter und Käse – damit arbeiten auch persische Köche, wenngleich die Vielfalt an Milchprodukten im Iran deutlich kleiner ist als hierzulande. Sehr beliebt ist ein Käse nach Art des Feta, den es fast zu jedem Frühstück gibt. Er wird aus Schafs- oder Kuhmilch hergestellt und in Salzlake gelagert. Eine Spezialität ist Kaschk, ein persisches Milchprodukt, das vielen Suppengerichten einen einzigartigen, leicht säuerlichen Geschmack verleiht. Traditionell wird dafür Joghurt in einem Gefäß aus Schaf- oder Ziegenhaut so lange geschlagen, bis sich Butter absetzt. Die fettarme Restflüssigkeit wird anschließend auf dem Herd eingedickt. Dann gibt man die käseartige Masse in ein feines Sieb und lässt sie abtropfen. Was im Sieb bleibt, ist Kaschk, das man entweder frisch verwendet oder zu kleinen Kügelchen formt und in der Sonne trocknen lässt. Die getrockneten Kügelchen muss man natürlich vor dem Kochen in Wasser einweichen.

Hierzulande erhält man Kaschk in flüssiger Form im persischen Laden. Nicht vergessen: Das flüssige Kaschk vor dem Verwenden immer mit der gleichen Menge Wasser verdünnen und 20 Minuten kochen. Die kalte Eigenschaft des Kaschk wird in Gerichten häufig mit der Wärme der Minze ausgeglichen.

Joghurtsuppe

آش ماست

Für vier Personen

Asch e Mast

75 g grüne Linsen
Salz
3 mittelgroße Zwiebeln
Rapsöl, Sonnenblumenöl oder ein geschmacksneutrales gutes Öl
½ TL Kurkumapulver
100 g Rundkornreis
100 g frischer Koriander
100 g frische glatte Petersilie
100 g frischer Dill
200 g Blattspinat
frisch gemahlener Pfeffer
1 kg Joghurt (3,5 % Fett)
2 EL grob gehackte Walnüsse

- Die Linsen waschen, in einem Topf mit einem Fingerbreit Wasser bedecken und mit etwas Salz bissfest kochen.
- Die Zwiebeln schälen, klein würfeln und mit Öl in einer Pfanne goldgelb anbraten. Kurkuma dazugeben und nur kurz einrühren.
- Reis mit lauwarmem Wasser waschen. Anschließend den Reis in einem großen Topf mit einem Liter Wasser gar kochen. Die gerösteten Zwiebeln und die Linsen mit gegebenenfalls restlichem Linsenkochwasser dazugeben.
- Die Kräuter und den Spinat putzen, waschen, klein schneiden, zu Reis und Linsen geben. Dabei etwas gehackten Koriander zur späteren Verzierung beiseite stellen. Mit Salz und Pfeffer abschmecken und bei schwacher Hitze 30 bis 40 Minuten zugedeckt gar kochen.
- Joghurt sahnig rühren, unter die Suppe mischen und 5 Minuten bei schwacher Hitze weiterköcheln lassen. Die Suppe sollte dabei gerade so warm sein, dass der Joghurt nicht ausflockt.
- Die Suppe in eine große Schüssel geben, mit Walnüssen und den gehackten Korianderblättern verzieren.

Wicken-Rüben-Suppe

آش ماش

Asch e Masch

Für vier Personen

250 g Wicken
100 g Rundkornreis
3 mittelgroße Zwiebeln
Rapsöl, Sonnenblumenöl oder ein geschmacksneutrales gutes Öl
½ TL Kurkumapulver
2 mittelgroße Weiße Rüben
4 Perlzwiebeln
Salz
frisch gemahlener Pfeffer
1 EL Zimtpulver
1 EL Zucker (optional)

- Wicken mit Reis in einen Topf geben und mit lauwarmem Wasser waschen. Waschwasser abgießen. Dann Wicken und Reis mit einem Liter Wasser bedecken und bissfest kochen.
- Zwiebeln schälen, klein schneiden und mit Öl in einer Pfanne goldgelb andünsten. Kurkuma dazugeben und kurz einrühren.
- Die Weißen Rüben schälen und in etwa zwei Zentimeter große Würfel schneiden. Die Perlzwiebeln schälen, zusammen mit den Rübenwürfeln und den gedünsteten Zwiebeln zu Reis und Wicken geben und alles 30 bis 40 Minuten gar kochen. Wenn die Suppe zu dick ist, etwas kochendes Wasser dazugeben. Mit Salz und Pfeffer abschmecken.
- Die Suppe in eine Schüssel füllen und mit Zimt und Zucker verzieren.

Tipp Wicken kann man im persischen Laden, Reformhaus oder Naturkostladen kaufen.

Kürbissuppe

آش کدو تنبل

Für vier Personen

Asch e Kadou Tanbal

100 g grüne Linsen
50 g Rundkornreis
1 kg Kürbis
2 mittelgroße Zwiebeln
Rapsöl, Sonnenblumenöl oder ein geschmacksneutrales gutes Öl
3 EL frisch gepresster Zitronensaft
Salz
frisch gemahlener Pfeffer
1 EL frisch gehackte Korianderblätter

- Linsen und Reis waschen. Gemeinsam in einem Topf mit einem Liter Wasser gar kochen.
- Den Kürbis schälen, die Samen entfernen und das Kürbisfleisch in etwa zwei Zentimeter große Würfel schneiden, zu Reis und Linsen geben und zusammen 20 Minuten kochen.
- Die Zwiebeln schälen, klein schneiden und mit Öl in einer Pfanne goldbraun braten. Die angebratenen Zwiebeln und den Zitronensaft zur Suppe geben. Mit Salz und Pfeffer abschmecken und 5 Minuten bei schwacher Hitze kochen.
- Die Suppe in eine Schüssel geben und mit frisch gehackten Korianderblättern verzieren.

Pflaumensuppe

آش آلو

Für vier Personen

Asch e Alou

1 TL Kurkumapulver
50 g gelbe Schälerbsen
75 g Rundkornreis
1 Bund Schnittlauch
100 g frische glatte Petersilie
50 g frische Minze
100 g frischer Koriander
2 große Zwiebeln
Rapsöl, Sonnenblumenöl oder ein geschmacksneutrales gutes Öl
100 g getrocknete Pflaumen
Salz
frisch gemahlener Pfeffer
1 EL getrocknete Minze

- Die Schälerbsen waschen und in einem Topf mit 1,5 Liter Wasser bissfest kochen. Den Reis waschen, zu den Schälerbsen geben und beides gar kochen, dabei gelegentlich umrühren.
- Die Kräuter putzen, waschen, abtropfen lassen, klein hacken und zu Reis und Erbsen geben. Bei schwacher Hitze 30 Minuten kochen.
- Die Zwiebeln schälen, klein schneiden und mit Öl in einer Pfanne goldbraun ausbraten. Kurkuma dazugeben und 2 Minuten weiterbraten. Die getrockneten Pflaumen vierteln und mit den gerösteten Zwiebeln zur Suppe geben. Mit Salz und Pfeffer abschmecken, 30 Minuten kochen und dabei gut umrühren.
- Etwas Öl in einer kleinen Pfanne erhitzen. Die getrocknete Minze kurz darin anbraten. Die Suppe in eine Schüssel geben und mit der gebratenen Minze verzieren.

Saure Spinatsuppe

آش ساک

Asch e Saak

Für vier Personen

50 g gelbe Schälerbsen
1 kg Blattspinat
50 g Reismehl
2 große Zwiebeln
Rapsöl, Sonnenblumenöl oder ein geschmacksneutrales gutes Öl
2 Knoblauchzehen
½ TL Kurkumapulver
5 EL frisch gepresster Zitronensaft
Salz
frisch gemahlener Pfeffer
3 Eier
1 EL getrocknete Minze

- Die Schälerbsen waschen und mit einem Liter Wasser bissfest kochen. Spinat putzen, waschen, abtropfen lassen, grob schneiden und zu den Schälerbsen geben. Bei mittlerer Hitze 30 Minuten kochen.
- Das Reismehl in 150 ml Wasser anrühren, langsam unter die Suppe ziehen, dabei gut umrühren. Bei mittlerer Hitze stocken lassen.
- Zwiebeln schälen, klein schneiden und mit Öl in einer Pfanne goldgelb anbraten. Knoblauch schälen, klein hacken, mit Kurkuma zu den Zwiebeln geben und 2 Minuten braten.
- Die angebratene Zwiebel-Knoblauch-Mischung mit dem Zitronensaft in die Suppe rühren und mit Salz und Pfeffer abschmecken.
- Eier in einer Schüssel schaumig schlagen, langsam zur Suppe geben, dabei leicht umrühren und noch 3 Minuten weiterkochen.
- 3 EL Öl in einer kleinen Pfanne erhitzen. Die getrocknete Minze kurz darin anbraten. Suppe in eine Schüssel geben und mit gebratener Minze verzieren.

Gemüsesuppe

سوپ سبزیجات

Für vier Personen

Soup e Sabsidschat

50 g grüne Linsen
2 mittelgroße Zwiebeln
Rapsöl, Sonnenblumenöl oder ein geschmacksneutrales gutes Öl
½ TL Kurkumapulver
100 g frische glatte Petersilie
100 g frischer Koriander
3 Stangen Bleichsellerie
2 mittelgroße Möhren
Salz
frisch gemahlener Pfeffer
1 EL Tomatenmark
3 EL frisch gepresster Zitronensaft
1 Tomate

- Linsen waschen und in 500 ml Wasser mindestens eine Stunde einweichen.
- Zwiebeln schälen, klein schneiden und mit Öl in einer Pfanne goldgelb anbraten. Kurkuma dazugeben und 2 Minuten braten.
- Die Kräuter putzen, waschen, abtropfen lassen, klein schneiden, zu den Zwiebeln in die Pfanne geben und 5 Minuten weiterbraten. Dabei etwas gehackte Petersilie zur späteren Verzierung beiseite stellen. Anschließend die Kräuter-Zwiebel-Mischung zu den Linsen geben und zusammen 30 bis 40 Minuten kochen.
- Bleichsellerie in fünf Millimeter dicke Scheiben schneiden, Möhren schälen und raspeln. Möhren und Sellerie zu Linsen und Kräutern geben. Mit Salz, Pfeffer, Tomatenmark und Zitronensaft abrunden, dann alles noch eine Stunde gar kochen.
- Die Tomate häuten und in kleine Würfel schneiden. Die Suppe in eine Schüssel geben und mit Tomatenwürfeln und frisch gehackter Petersilie verzieren.

Kräuter-Obst-Suppe

آش میوه

Asch e Miweh

Für vier Personen

50 g feiner Bulgur
50 g grüne Linsen
2 mittelgroße Zwiebeln
Rapsöl, Sonnenblumenöl oder ein geschmacksneutrales gutes Öl
1 Bund Schnittlauch
100 g frische glatte Petersilie
50 g frische Minze
100 g frischer Koriander
½ TL Kurkumapulver
300 g Sauerkirschen
6 Aprikosen
6 Pflaumen
Salz
frisch gemahlener Pfeffer

- Bulgur und Linsen waschen und gemeinsam in einem Topf mit einem Liter Wasser bissfest kochen.
- Zwiebeln schälen, klein schneiden und mit Öl in einer großen Pfanne goldgelb anbraten. Die Kräuter putzen, waschen, abtropfen lassen, klein hacken und zusammen mit Kurkuma zu den Zwiebeln geben. Bei mittlerer Hitze 5 Minuten anbraten, dabei gelegentlich umrühren. Kräuter und Zwiebeln zu Linsen und Bulgur geben und etwa eine Stunde kochen, bis die Zutaten weich werden.
- Die Früchte entsteinen. Aprikosen und Pflaumen jeweils in vier bis sechs Stücke schneiden und zusammen mit den entsteinten Sauerkirschen in die Suppe geben. Mit Salz und Pfeffer abschmecken und 10 bis 15 Minuten bei mittlerer Hitze kochen. Die Früchte sollten weich, aber nicht verkocht sein.

Tipp Diese Suppe schmeckt sehr frisch und je nach Reife der Früchte ein bisschen säuerlich. Wer es lieber süßsauer mag, kann die Suppe nachsüßen. Statt frischer Früchte kann man auch Trockenfrüchte verwenden, allerdings nehmen die Trockenfrüchte eine längere Kochzeit in Anspruch. Am besten lässt man die Trockenfrüchte erst eine Weile in wenig Wasser einweichen.

Graupen-Kräuter-Suppe

آش جو

Asch e Dscho

Für vier Personen

75 g grobe Perlgraupen
2 mittelgroße Zwiebeln
Rapsöl, Sonnenblumenöl oder ein geschmacksneutrales gutes Öl
100 g frische glatte Petersilie
100 g frischer Dill
100 g frischer Koriander
200 g Blattspinat
½ TL Kurkumapulver
75 g grüne Linsen
100 ml flüssiges Kaschk (siehe Seite 65) oder 100 g saure Sahne
Salz
frisch gemahlener Pfeffer
2 Knoblauchzehen
1 EL getrocknete Minze

- Die Graupen in einem Topf zwei Zentimeter hoch mit Wasser bedecken und mindestens 2 Stunden einweichen.
- Zwiebeln schälen, klein schneiden und mit Öl in einer großen Pfanne goldgelb anbraten. Kräuter und Spinat putzen, waschen, abtropfen lassen, klein hacken und zusammen mit Kurkuma zu den Zwiebeln geben. Bei mittlerer Hitze 5 Minuten anbraten und umrühren.
- Linsen zu den Graupen in den Topf geben und Graupen und Linsen im Einweichwasser bei mittlerer Hitze 30 Minuten kochen. Kräuter und Zwiebeln dazugeben und bei niedriger Hitze 30 bis 40 Minuten kochen, dabei gelegentlich umrühren.
- Kaschk mit 100 ml Wasser verrühren, die Mischung in einem Topf 20 Minuten kochen lassen und anschließend unter die Suppe geben. Wird saure Sahne verwendet, diese nur verdünnen, erst am Ende des Kochvorgangs in die Suppe geben und nur leicht warm werden lassen. Mit Salz und Pfeffer abschmecken.
- Knoblauch schälen, klein hacken und mit 2 EL Öl in einer Pfanne kurz erhitzen. Die getrocknete Minze ebenfalls mit 2 EL Öl kurz anbraten.
- Die Suppe in eine große Schüssel geben und mit angebratenem Knoblauch und gebratener Minze verzieren.

Gemüsegerichte mit Sauce

Kein Gemüsegericht ohne Zwiebeln! Den hohen Wert der Zwiebel als Gewürzpflanze und Heilpflanze haben die Perser stets zu schätzen gewusst, schließlich haben viele Gemüsegerichte einen Teil ihres guten Geschmacks und Aromas gerösteten Zwiebeln zu verdanken. Nebenbei dienen Zwiebeln als Orakel: Nach einer alten Bauernregel muss man sich auf einen harten, kalten Winter vorbereiten, wenn die Zwiebeln bei der Ernte im Herbst ein festes ledriges Fleisch haben.

Gemüsegerichte mit Sauce werden stets mit Reis verzehrt. Hält man sich bei den Rezepten an die angegebenen Wassermengen und die Kochzeiten, bekommt man dickflüssige Gemüsegerichte – das Gemüse sollte nicht in der Flüssigkeit schwimmen.

Bild links oben: Yazd, Dolat-Abad-Garten
unten: Kashan, Bazar

Gewürzmischung für Eintopf und Sauce

ادویه خورشت ها

Advieh e Choreschti

4 EL gemahlene Rosenblüten (siehe Seite 20)
4 EL Zimtpulver
2 EL Kurkumapulver
1 EL Kardamompulver
1 EL gemahlener Schwarzer Kreuzkümmel (siehe Seite 22)
1 EL getrocknete und gemahlene Limetten (siehe Seite 23)
1 TL frisch gemahlener schwarzer Pfeffer
1 TL frisch geriebene Muskatnuss
1 TL gemahlene Koriandersamen
½ TL Gewürznelkenpulver

- Alle Zutaten mischen.
- In einem Glas oder einer Gewürzdose mit Schraubdeckel an einem dunklen und trockenen Ort lagern.

In Persien wird Tomatenmark oft selbst gemacht. Dafür werden ab Anfang September sonnengereifte Tomaten in großer Menge gewaschen, abgetrocknet und geschnitten. Man stellt sie dann in einem großen Topf einige Tage in die Sonne, bis sich die Haut vom Fleisch löst. Dann knetet man die Tomatenmasse und presst sie durch ein Sieb. Die dicke Flüssigkeit kocht man so lange, bis eine Paste entsteht.

Quitten-Limetten-Topf

خوراک به

Chorak e Beh

Für vier Personen

2 mittelgroße Möhren
2 mittelgroße Zwiebeln
2 mittelgroße Quitten
2 mittelgroße Kartoffeln
4 EL Rapsöl, Sonnenblumenöl oder ein geschmacksneutrales gutes Öl
12 getrocknete Pflaumen
½ TL getrocknete und gemahlene Limetten (siehe Seite 23)
¼ TL Eintopfgewürz (siehe Seite 76)
Salz
frisch gemahlener Pfeffer
2 Fleischtomaten
1 Messerspitze frisch gemörserter Safran (siehe Seite 21)
1 TL Tomatenmark
50 g Mandelstifte

- Möhren und Zwiebeln schälen und in Scheiben schneiden. Die ungeschälten Quitten aufrecht stellen und in Viertel schneiden. Die Kerngehäuse herausnehmen. Dann jedes Viertel noch einmal der Länge nach in jeweils zwei Scheiben schneiden. Die Kartoffeln waschen, schälen und in einen Zentimeter dicke Scheiben schneiden.
- Öl in einen Topf geben und die Zutaten schichtweise hineinfüllen: zuerst die Zwiebeln, dann Möhrenscheiben, Quitten und Pflaumen und zuletzt Kartoffeln. Mit getrockneten Limetten, Eintopfgewürz, Salz und Pfeffer würzen.
- Die Fleischtomaten in Scheiben schneiden und auf das Gemüse legen.
- 100 ml Wasser erhitzen. Safran und Tomatenmark in dem heißen Wasser auflösen, vorsichtig an einer Seite des Topfes in den Topf gießen und bei niedriger Hitze zugedeckt eine Stunde gar kochen.
- In einem tiefen Teller anrichten und mit Mandelstiften verzieren. Reis dazu servieren.

Bohnen-Dill-Topf

باقلاقاتق

Bagalagatog

Für vier Personen

1 kg frische Samen von Dicken Bohnen
2 große Zwiebeln
Rapsöl, Sonnenblumenöl oder ein geschmacksneutrales gutes Öl
250 g frischer Dill
5 Knoblauchzehen
Salz
frisch gemahlener Pfeffer
3 Eier

- Die Samen der Dicken Bohnen enthäuten. Dazu jeweils die Haut an der inneren Naht des Samens der Länge nach aufschlitzen, die gegenüberliegenden Enden des Bohnensamens gegeneinanderdrücken und das Fruchtfleisch herausdrücken.
- Zwiebeln schälen, klein schneiden und mit Öl in einer großen Pfanne goldgelb anbraten. Dill putzten, waschen, abtropfen lassen, klein hacken und zu den Zwiebeln geben. 2 Minuten bei mittlerer Hitze anrühren, dann mit 300 ml Wasser übergießen.
- Die Knoblauchzehen schälen, klein hacken und zusammen mit den Bohnen zu Zwiebeln und Dill geben. Das Gemüse mit Salz und Pfeffer abschmecken und 45 bis 60 Minuten gar kochen.
- Eier in einer Schüssel verquirlen. Öl in einer Pfanne erhitzen und die Eier darin zu Rührei garen. Den Bohneneintopf vom Herd nehmen, das Rührei zur Bohnenmischung geben, vermengen und heiß servieren.

Bagalagatog ist eine Spezialität aus dem Nordiran. Dort wird statt Dicker Bohnen eine dort heimische grüne Bohnensorte genutzt. Mit Dicken Bohnen schmeckt es genauso gut.

Okra mit Petersilien-Minz-Sauce

خورشت بامیه با نعناء جعفری

Chorescht e Bamie ba Nana Dschafari

Für vier Personen

3 mittelgroße Zwiebeln
Rapsöl, Sonnenblumenöl oder ein geschmacksneutrales gutes Öl
200 g frische Minze
200 g frische glatte Petersilie
½ EL Eintopfgewürz (siehe Seite 76)
500 g kleine Okraschoten
1 EL Tomatenmark
Salz
frisch gemahlener Pfeffer
4 mittelgroße Kartoffeln
4 EL frisch gepresster Zitronensaft

- Die Zwiebeln schälen, klein schneiden und mit Öl in einer großen Pfanne goldgelb anbraten. Die Kräuter putzen, waschen, abtropfen lassen, klein schneiden und mit dem Eintopfgewürz zu den Zwiebeln geben. Die Kräuter bei starker Hitze 3 Minuten anbraten, dann mit 300 ml Wasser übergießen und 30 Minuten kochen lassen.
- Die Okraschoten waschen, den Stiel jeweils dicht über der Schote abschneiden und die Schoten zu den Kräutern geben. Tomatenmark dazugeben und mit Salz und Pfeffer abschmecken. Bei schwacher Hitze 20 bis 30 Minuten kochen.
- Kartoffeln schälen, in zwei Zentimeter große Würfel schneiden und zu den Okraschoten geben. Bei schwacher Hitze gar kochen. Dann Zitronensaft zugießen und 5 weitere Minuten leicht kochen.
- In einem tiefen Teller anrichten und mit Reis servieren.

Tipp Die Petersilien-Minz-Mischung ist beliebt und wird in vielen persischen Gemüsegerichten verwendet. Das Gericht wird außer mit Okraschoten auch gerne mit Bleichsellerie, Rhabarber oder Lauch zubereitet.

Okra mit Auberginen

خورشت بادنجان و بامیه

Khoresht e Badendschanva Bamieh

Für vier Personen

1 mittelgroße Zwiebel
Rapsöl, Sonnenblumenöl oder ein geschmacksneutrales gutes Öl
2 mittelgroße Auberginen
300 g kleine Okraschoten
2 Knoblauchzehen
3 mittelgroße Fleischtomaten
Salz
frisch gemahlener Pfeffer
2 EL frisch gepresster Zitronensaft

- Zwiebel schälen, klein schneiden und mit Öl in einer Pfanne goldgelb anbraten.
- Auberginen schälen und längs in zwei Zentimeter dicke Scheiben schneiden. Mit Öl in einer weiteren Pfanne bei scharfer Hitze beidseitig kurz anbraten.
- Okraschoten waschen, Stiele dicht über den Schote abschneiden und Schoten kurz mit etwas Öl anbraten (in einer weiteren Pfanne oder in der Pfanne, in der die Auberginen angebraten wurden – die Auberginen vorher herausnehmen).
- Knoblauch schälen und ebenso wie die Tomaten in Scheiben schneiden. Tomaten und Knoblauch mit angebratenen Auberginen, Okraschoten, gebratener Zwiebel und 250 ml Wasser gar kochen. Mit Salz, Pfeffer und Zitronensaft abschmecken.
- Mit Reis oder Brot servieren.

Kräuter-Spinat-Topf

خورشت ترشی تره

Torschi Tare

Für vier Personen

2 mittelgroße Zwiebeln
Rapsöl, Sonnenblumenöl oder ein geschmacksneutrales gutes Öl
4 Knoblauchzehen
1 Bund Schnittlauch
100 g frischer Koriander
100 g frische glatte Petersilie
50 g frische Minze
¼ TL Kurkumapulver
¼ TL Eintopfgewürz (siehe Seite 76)
200 g Blattspinat
2 EL Reismehl
4 EL frisch gepresster Zitronensaft
Salz
frisch gemahlener Pfeffer
3 Eier

- Die Zwiebeln schälen und klein schneiden. Öl in einer Pfanne erhitzen und die Zwiebeln im Öl anbraten. Die Knoblauchzehen schälen, klein hacken, zu den Zwiebeln geben und kurz anbraten.
- Die Kräuter putzen, waschen, abtropfen lassen, klein hacken und zusammen mit Kurkuma und Eintopfgewürz zu den Zwiebeln geben. Einige Minzeblätter beiseite legen. Kräuter-Zwiebel-Mischung bei schwacher Hitze 5 Minuten anbraten, dabei gelegentlich umrühren.
- Spinat putzen, waschen, abtropfen lassen und grob schneiden. Den Spinat mit 400 ml Wasser zur Kräutermischung geben und zusammen 15 Minuten kochen.
- Das Reismehl mit 4 EL kaltem Wasser anrühren und langsam in den Eintopf geben. Bei schwacher Hitze 15 Minuten kochen lassen. Dabei ständig umrühren, damit das Mehl keine Klumpen bildet. Zitronensaft dazugeben und mit Salz und Pfeffer abschmecken.
- Eier in einer Schüssel schaumig schlagen und nach und nach zum Eintopf geben. Dabei gut vermischen und bei mittlerer Hitze 3 Minuten kochen, bis die Eier fest werden.
- Den Eintopf in eine Schüssel geben und mit Minzeblättern garnieren.

Orangen-Möhren-Sauce mit Pistazien

خورشت پرتقال

Chorescht e Portegal

Für vier Personen

3 mittelgroße Zwiebeln
Rapsöl, Sonnenblumenöl oder ein geschmacksneutrales gutes Öl
4 mittelgroße Möhren
¼ TL Eintopfgewürz (siehe Seite 76)
abgeriebene Schale einer unbehandelten Orange
2 EL Rosinen
2 EL Zucker
Salz
½ TL frisch gemörserter Safran (siehe Seite 21)
300 ml frisch gepresster Orangensaft
1 kg Orangen
1 EL Pistazienstifte
1 EL Mandelstifte

- Zwiebeln schälen, klein schneiden und mit Öl in einer Pfanne goldgelb anbraten.
- Die Möhren schälen und längs in fünf Millimeter dicke Scheiben schneiden. Die Scheiben aufeinanderlegen und in Streifen von gleicher Stärke und maximal drei Zentimeter Länge schneiden. Möhren, Eintopfgewürz und abgeriebene Schale der Orange zu den Zwiebeln geben und bei mittlerer Hitze 5 Minuten anbraten.
- Rosinen verlesen, waschen und zusammen mit Zucker, Salz und Safran zur Möhren-Zwiebel-Mischung geben. Orangensaft dazugeben und alles gar kochen.
- Die Orangen schälen: Die Orangenschale mitsamt der weißen Schicht – der Rundung der Frucht folgend – abschneiden. Die geschälten Orangen entlang der Trennhäutchen der einzelnen Fruchtsegmente mit einem Messer einschneiden und die Segmente herauslösen. Die Orangensegmente zu den Möhren und Zwiebeln geben, bei mittlerer Hitze nur kurz aufkochen und dabei vorsichtig umrühren.
- Die Sauce in einen tiefen Teller geben und mit Pistazienstiften und Mandelstiften verzieren.

Auberginen-Zucchini-Teller

خوراک کدو و بادنجان

Chorake Kadou wa Badendschan

Für zwei Personen

2 mittelgroße Auberginen
2 große Zucchini
2 große Fleischtomaten
Rapsöl, Sonnenblumenöl oder ein geschmacksneutrales gutes Öl
Salz
1 EL Tomatenmark
frisch gemahlener Pfeffer
3 EL frisch gepresster Zitronensaft
¼ TL frisch gemörserter Safran (siehe Seite 21)
100 g Butter
2 EL gehackte frische Korianderblätter

- Die Stielansätze der Auberginen entfernen. Die Auberginen schälen und mit einem großen Messer der Länge nach bis kurz vor das Stielende in einen Zentimeter dicke Scheiben schneiden. Die Scheiben hängen am Stielende noch zusammen. Die Stielansätze der Zucchini entfernen und die Zucchini ungeschält wie die Auberginen der Länge nach einschneiden. Tomaten in einen Zentimeter dicke Scheiben schneiden.
- Auberginen und Zucchini in eine gefettete Auflaufform geben, dabei die Scheiben fächerförmig etwas auseinanderziehen. Die Tomatenscheiben leicht salzen und zwischen die Auberginen- und Zucchinischeiben stellen. 100 ml Wasser erwärmen, das Tomatenmark darin auflösen. Mit Salz, Pfeffer, Zitronensaft und Safran abschmecken und in die Form gießen. Butter würfeln und auf den Auberginen und Zucchini verteilen. Im vorgeheizten Backofen bei 175 °C (Umluft) 30 bis 40 Minuten backen. Die Sauce dabei einige Male mit dem Löffel über das Gemüse gießen, damit die Oberfläche nicht eintrocknet.
- Aus dem Backofen nehmen, mit frisch gehackten Korianderblättern verzieren und mit Fladenbrot oder Reis servieren.

Tipp Auberginengerichte verfeinert man in Persien mit grünen, noch nicht reifen Trauben (siehe auch Seite 14) anstelle von Zitronensaft. Solche Trauben bekommt man eingelegt in Salzwasser oder als Saft im persischen Laden.

Apfel-Sauerkirsch-Sauce

خورشت سیب

Chorescht e Sieb

Für vier Personen

4 feste rote Äpfel
Rapsöl, Sonnenblumenöl oder ein geschmacksneutrales gutes Öl
2 große Zwiebeln
500 g Sauerkirschen
100 g Zucker
¼ TL Zimtpulver
Salz
½ TL frisch gemörserter Safran (siehe Seite 21)
100 g Mandelstifte

- Die Äpfel ungeschält aufrecht stellen und in Viertel schneiden. Die Kerngehäuse herausnehmen. Dann jedes Stück noch einmal der Länge nach in jeweils zwei Scheiben schneiden. Öl in einer Pfanne erhitzen, die Apfelscheiben von beiden Seiten anbraten und beiseite stellen.
- Zwiebeln schälen, klein schneiden und in Öl in einer großen Pfanne goldbraun anbraten. Die Sauerkirschen entsteinen, mit Zucker zu den angebratenen Zwiebeln geben und bei mittlerer Hitze kurz kochen, bis sich der Zucker auflöst. Mit Zimt, Salz und der Hälfte des Safrans würzen.
- Die andere Hälfte des Safrans in 1 EL lauwarmem Wasser auflösen, mit den Mandelstiften vermengen und beiseite stellen.
- Die angebratenen Apfelscheiben zu den Sauerkirschen geben und alles 30 bis 40 Minuten gar kochen, bei Bedarf mit Zucker nachsüßen.
- Die Apfel-Kirsch-Mischung in einem tiefen Teller anrichten, mit den Mandelstiften garnieren und mit Reis servieren.

Auberginen mit Granatapfel-Walnuss-Sauce

شیش انداز

Schisch Andas

Für vier Personen

300 g fein gemahlene Walnüsse
Salz
frisch gemahlener Pfeffer
70 ml Granatapfelkonzentrat
2 mittelgroße Zwiebeln
Rapsöl, Sonnenblumenöl oder ein geschmacksneutrales gutes Öl
¼ TL Kurkumapulver
5 kleine Auberginen
¼ TL Zimtpulver

- Die gemahlenen Walnüsse mit 500 ml Wasser kurz aufkochen. Salz, Pfeffer und Granatapfelkonzentrat dazugeben und bei schwacher Hitze mindestens 90 Minuten köcheln lassen.
- Zwiebeln schälen, klein schneiden und mit Öl in einer Pfanne goldbraun ausbraten, Kurkuma dazugeben und kurz anbraten.
- Auberginen schälen und in zwei Zentimeter große Würfel schneiden. Öl in der Pfanne erhitzen und die Auberginenwürfel ebenfalls goldbraun anbraten.
- Die angebratenen Auberginen und Zwiebeln unter die Walnüsse mischen und mit Zimt würzen. Bei mittlerer Hitze 30 bis 40 Minuten gar kochen.
- Die Sauce in einem tiefen Teller anrichten und mit Reis servieren.

Tipp Bei diesem Rezept kann man statt Auberginen auch Zucchini verwenden. Granatapfelsaftkonzentrat, wie man es in persischen Läden bekommt, schmeckt süßsauer. Wenn es zu sauer ist, kann man es etwas nachsüßen.

Gemüsetopf mit grünen Bohnen

خوراک لوبیا

Chorak e Loubia Sabs

Für vier Personen

250 g grüne Bohnen
Rapsöl, Sonnenblumenöl oder ein geschmacksneutrales gutes Öl
2 mittelgroße Möhren
3 mittelgroße Tomaten
3 mittelgroße Zwiebeln
½ TL Kurkumapulver
½ TL Eintopfgewürz (siehe Seite 76)
1 TL Tomatenmark
1 EL getrocknete und gemahlene Limetten (siehe Seite 23) oder 3 EL frisch gepresster Zitronensaft
Salz
frisch gemahlener Pfeffer
2 mittelgroße festkochende Kartoffeln

- Von den Bohnen die Spitzen und Stielansätze abschneiden und dabei jeweils auf einer Seite den Faden abziehen. Dann in etwa drei Zentimeter lange Stücke schneiden und kurz in Öl anbraten.
- Möhren schälen und längs halbieren. Die Hälften erst in lange Streifen, dann quer in drei Zentimeter lange Stifte schneiden. Tomaten häuten und grob würfeln. Zwiebeln schälen, klein schneiden und mit Öl goldgelb andünsten. Kurkuma und Eintopfgewürz zu den Zwiebeln geben und eine Minute braten.
- Tomaten, Bohnen, angebratene Zwiebeln und 200 ml Wasser in einem Topf bei mittlerer Hitze kochen, bis die Bohnen bissfest sind. Die Möhren mit Tomatenmark und getrockneten Limetten oder Zitronensaft dazugeben. Mit Salz und Pfeffer abschmecken und den Eintopf etwa 30 Minuten kochen, bis alle Zutaten gar sind.
- Kartoffeln waschen, schälen, in einen Zentimeter dicke Stifte schneiden und in Öl goldgelb anbraten.
- Den Bohneneintopf in eine Schüssel geben, die gebratenen Kartoffeln darauf anrichten, mit Fladenbrot oder Reis servieren.

Roter Linsentopf

خورشت دال عدس

Chorescht e Dal Adass

Für vier Personen

2 mittelgroße Zwiebeln
Rapsöl, Sonnenblumenöl oder ein geschmacksneutrales gutes Öl
4 Knoblauchzehen
½ TL Kurkumapulver
½ TL Eintopfgewürz (siehe Seite 76)
2 EL Tomatenmark
200 g rote Linsen
2 mittelgroße Kartoffeln
½ TL scharfes Chilipulver
Salz

- Zwiebeln schälen, in kleine Würfel schneiden und mit Öl goldbraun braten.
- Die Knoblauchzehen schälen, fein hacken und mit Öl goldgelb anbraten. Kurkuma, Eintopfgewürz und Tomatenmark unterrühren.
- Die Linsen gründlich mit kaltem Wasser waschen, das Waschwasser abgießen. Linsen mit 400 ml Wasser bei mittlerer Hitze zum Kochen bringen, ohne den Deckel auf den Topf zu legen, dabei den Schaum abschöpfen.
- Kartoffeln waschen, schälen, in zwei Zentimeter große Würfel schneiden und mit angebratenem Knoblauch, gebratenen Zwiebeln und Chilipulver zu den roten Linsen geben. Mit Salz abschmecken und bei schwacher Hitze gar kochen.
- In einem tiefen Teller anrichten und Reis dazu servieren.

Chorescht e Dal Adass ist ein typisches Gericht aus dem Südiran, wo die Menschen scharfe und würzige Speisen lieben.

Auberginen-Augenbohnen-Eintopf

یتیمک بوشهری

Yatimak e Boushehri

Für vier Personen

150 g Augenbohnen
Salz
3 mittelgroße Auberginen
Rapsöl, Sonnenblumenöl oder ein geschmacksneutrales gutes Öl
1 große Zwiebel
2 Knoblauchzehen
2 – 3 EL Tamarindenpaste
1 Messerspitze scharfes Chilipulver

- Augenbohnen über Nacht in Wasser einweichen. Einweichwasser abgießen und die Augenbohnen mit 150 ml Wasser und ¼ TL Salz 45 Minuten gar kochen.
- Auberginen schälen und in zwei Zentimeter große Würfel schneiden. Öl in der Pfanne erhitzen, die Auberginenwürfel kurz anbraten, dann vom Herd nehmen.
- Zwiebel schälen und klein schneiden. Mit etwas Öl in der Pfanne goldbraun anbraten. Knoblauchzehen schälen, klein hacken oder durch die Knoblauchpresse drücken. Zur Zwiebel geben und gut verrühren.
- Gebratene Zwiebel, Auberginenwürfel, Tamarindenpaste und Chilipulver mit 100 ml Wasser bei schwacher Hitze 15 Minuten zugedeckt garen. Die gegarten und abgegossenen Augenbohnen dazugeben. Mit Reis servieren.

Koriander-Tamarinden-Sauce

قلیه سیب زمینی

Galieh Sibsamini

Für vier Personen

3 mittelgroße Zwiebeln
Rapsöl, Sonnenblumenöl oder ein geschmacksneutrales gutes Öl
5 Knoblauchzehen
½ TL Kurkumapulver
200 g frischer Koriander
2 EL getrocknete Bockshornkleeblätter
1 TL scharfes Chilipulver
3 EL Tamarindenpaste
2 mittelgroße Kartoffeln
Salz
8 Kirschtomaten

- Zwiebeln schälen, klein schneiden und mit Öl in einer Pfanne goldgelb anbraten. Knoblauchzehen schälen, fein hacken, mit Kurkuma zu den Zwiebeln geben und noch 2 Minuten weiterbraten. Koriander verlesen, waschen, abtropfen lassen und fein hacken, mit Öl in der Pfanne anbraten. Die getrockneten Bockshornkleeblätter zum Koriander geben und nur kurz anbraten.
- In einem Topf Zwiebeln und Knoblauch mit den Kräutern und dem Chilipulver mischen. Die Tamarindenpaste in 200 ml Wasser lösen und in den Topf geben. Alles gut mischen und bei schwacher Hitze 30 Minuten köcheln lassen.
- Kartoffeln waschen, schälen und in zwei Zentimeter große Würfel schneiden. Zu den anderen Zutaten in den Topf geben, alles vermengen und gar kochen. Mit Salz abschmecken. Kirschtomaten dazugeben und nur kurz erhitzen.
- Den Eintopf in einem tiefen Teller anrichten und mit Reis servieren.

Dieses scharfe aromatische Gericht ist eine Delikatesse aus dem Südiran, wo die Kochkunst von der indischen und der arabischen Küche beeinflusst wurde. Tamarindenpaste findet man in indischen Lebensmittelläden, getrocknete Bockshornkleeblätter in persischen Läden.

Kürbis mit Kaschk und Walnüssen

قلیه کدو

Galieh Kadou

Für vier Personen

1 kg Kürbis
Rapsöl, Sonnenblumenöl oder ein geschmacksneutrales gutes Öl
2 mittelgroße Zwiebeln
¼ TL frisch gemörserter Safran (siehe Seite 21)
Salz
50 ml flüssiges Kaschk oder 50 g saure Sahne
1 EL getrocknete Minze
50 g grob gehackte Walnüsse

- Kürbis schälen, Samen entfernen und das Fruchtfleisch in fünf Zentimeter große Würfel schneiden. Öl in einer Pfanne erhitzen und die Kürbiswürfel im Öl goldbraun anbraten.
- Zwiebeln schälen, in dünne Scheiben schneiden und mit Öl goldbraun ausbraten.
- Gebratenen Kürbis in eine tiefe Pfanne geben, Safran und geröstete Zwiebeln darauf verteilen und mit 100 ml Wasser bei schwacher Hitze gar kochen. Mit Salz abschmecken.
- Kaschk in einem kleinen Topf mit 5 EL Wasser bei schwacher Hitze 20 Minuten köcheln lassen. Wird saure Sahne verwendet, diese nur mit Wasser verdünnen.
- Getrocknete Minze in 2 EL Öl kurz anbraten. Die Kürbiswürfel in einem tiefen Teller anrichten und Kaschk oder saure Sahne darübergießen. Mit der angebratenen Minze und den gehackten Walnüssen garnieren.

Tipp Kaschk ist dickflüssig oder als Pulver im persischen Laden erhältlich (siehe Seite 65).

Auberginensauce mit Pommes

خورشت قیمه بادنجان

Khoresht e Gheimeh Badendschoun

Für sechs Personen

3 große Auberginen
Rapsöl, Sonnenblumenöl oder ein geschmacksneutrales gutes Öl
2 mittelgroße Zwiebeln
75 g Schälerbsen
Salz
3 mittelgroße Fleischtomaten
1 EL Tomatenmark
2 EL frisch gepresster Zitronensaft
frisch gemahlener Pfeffer
3 mittelgroße Kartoffeln

- Die Stielansätze der Auberginen entfernen. Auberginen schälen, längs halbieren und auf ein mit Backpapier ausgelegtes Backblech legen. Öl mit einem Pinsel auf die Auberginen streichen und im vorgeheizten Backofen bei 200 °C (Umluft) beidseitig goldbraun backen.
- Zwiebeln schälen, klein schneiden und mit etwas Öl in der Pfanne goldbraun anbraten.
- Gelbe Schälerbsen mit 200 ml Wasser sowie ½ TL Salz gar kochen (die Garzeit variiert bei gelben Schälerbsen von Sorte zu Sorte). Durch ein Sieb abgießen.
- Tomaten in einen Zentimeter dicke Scheiben schneiden. Auberginen, gegarte Schälerbsen, geröstete Zwiebeln und Tomaten in einen Topf geben. Tomatenmark mit 200 ml Wasser und Zitronensaft verrühren, mit Salz und Pfeffer abschmecken. Zu den Auberginen geben und bei schwacher Hitze gar kochen.
- Kartoffeln waschen, schälen und in einen Zentimeter dünne Stifte schneiden. Die Kartoffelstifte gründlich waschen und ordentlich abtropfen lassen. Kartoffelstifte auf ein mit Backpapier ausgelegtes Backblech legen. Öl mit einem Pinsel darüberstreichen und im vorgeheizten Backofen bei 200 °C (Umluft) etwa 20 Minuten backen.
- Auberginensauce in einem tiefen Teller anrichten, Pommes darauf verteilen und mit Reis servieren.

Gemüsegerichte aus dem Ofen

Im eigenen Saft im Ofen geschmort, da zeigt Gemüse, wie gut es schmecken kann. Die Ofenhitze hält Kürbis, Zwiebeln oder Auberginen zudem gut in Form und sorgt somit auch für optische Genüsse.

Entstanden sind die Ofengerichte in Zeiten, als noch jedes Haus einen offenen Lehmofen hatte. Dieser wurde meist einmal in der Woche für mehrere Stunden befeuert, um einen größeren Vorrat Fladenbrot zu backen. Direkt daneben stand ein großer Kupfertopf mit Gemüse, das in der abstrahlenden Hitze des Ofens langsam vor sich hin schmorte. Als die Lehmöfen verschwanden, gerieten die Schmorgerichte etwas in Vergessenheit. Heute erwachen sie in modernen Backöfen zu neuem Leben. Damit geht es auch etwas schneller.

Bild links oben: Kashan, Gewürzbazar
unten: Teheran, Tadschrisch-Bazar, unreife Mandeln

Gemüseeintopf

تاس کباب

Taskabab

Für vier Personen

1 mittelgroße Aubergine
1 mittelgroßer Zucchino
1 mittelgroße Möhre
2 mittelgroße Zwiebeln
1 mittelgroße Quitte
2 mittelgroße festkochende Kartoffeln
3 mittelgroße Fleischtomaten
Rapsöl, Sonnenblumenöl oder ein geschmacksneutrales gutes Öl
10 getrocknete Pflaumen
1 EL Tomatenmark
2 EL frisch gepresster Zitronensaft
½ EL Kurkumapulver
Salz
frisch gemahlener Pfeffer

- Aubergine und Zucchino quer in zwei Zentimeter dicke Scheiben schneiden. Möhre und Zwiebeln schälen und in einen Zentimeter dicke Scheiben schneiden. Die ungeschälte Quitte aufrecht stellen und in Achtel schneiden. Das Kerngehäuse herausnehmen. Jedes Achtel noch einmal der Breite nach durchschneiden. Die Kartoffeln waschen, schälen und ebenso wie die Tomaten in einen Zentimeter dicke Scheiben schneiden.
- Eine ofenfeste Form mit Öl ausstreichen, die Gemüsescheiben, Quitten und Pflaumen abwechselnd einschichten. 150 ml Wasser, 4 EL Öl, Tomatenmark, Zitronensaft sowie Kurkuma verrühren und mit Salz und Pfeffer abschmecken. Die Sauce auf die Gemüsemischung gießen.
- Den Gemüseeintopf im vorgeheizten Backofen bei 175 °C (Umluft) 40 Minuten zugedeckt gar kochen. Mit Fladenbrot servieren.

Gefüllte Kartoffeln

دلمه سیب زمینی

Für vier Personen

Dolme e Sibzamini

4 mittelgroße festkochende Kartoffeln
1 große Zwiebel
Rapsöl, Sonnenblumenöl oder ein geschmacksneutrales gutes Öl
1 EL Tomatenmark
Salz
frisch gemahlener Pfeffer
1 Messerspitze frisch geriebene Muskatnuss
½ rote Paprikaschote

- Kartoffeln waschen. Mit einem scharfen Messer jeweils längst einen Deckel abschneiden. Die Kartoffeln bis auf einen Rand von einem Zentimeter Dicke aushöhlen.
- Die Zwiebel schälen, klein schneiden und mit Öl in der Pfanne glasig anbraten. Das herausgeschnittene Innere der Kartoffeln und die abgeschnittenen Deckel klein schneiden, zur Zwiebel geben und 5 weitere Minuten bei mittlerer Hitze anbraten. Tomatenmark dazugeben, mit Salz, Pfeffer und Muskat abschmecken. Paprika putzen, in kleinen Würfel schneiden und mit der Zwiebelmischung vermengen.
- Die ausgehöhlten Kartoffeln mit der Mischung füllen, dabei die Füllung leicht anhäufen. Öl mit einem Pinsel auf die Kartoffelschalen streichen.
- Die gefüllten Kartoffeln in eine Auflaufform setzen. 6 EL Wasser in die Form geben. Im vorgeheizten Backofen bei 175 °C (Umluft) 20 bis 30 Minuten gar backen.

Gefüllte Zwiebeln

دلمه پیاز

Für vier Personen

Dolme Pias

6 mittelgroße Zwiebeln
5 EL Rapsöl, Sonnenblumenöl oder ein geschmacksneutrales gutes Öl
1 mittelgroße Kartoffel
1 Messerspitze frisch geriebene Muskatnuss
Salz
frisch gemahlener Pfeffer
½ rote Paprikaschote
100 g Schafskäse (beispielsweise Feta)
50 g frische glatte Petersilie

- Von den Zwiebeln die Wurzeln abschneiden, aber Wurzelansatz möglichst belassen. Zwiebeln schälen und mit einem scharfen Messer jeweils einen Deckel abschneiden. Die Zwiebeln vorsichtig so aushöhlen, dass noch starke Wände verbleiben.
- Das Zwiebelinnere und die abgeschnittenen Deckel klein schneiden und mit etwas Öl glasig anbraten. Kartoffel schälen, in kleine Würfel schneiden, mit Muskat, Salz und Pfeffer zur klein geschnittenen Zwiebel geben und 2 bis 3 Minuten anbraten.
- Paprika putzen und klein würfeln, Schafskäse klein schneiden. Paprika und Käse zur Kartoffelmischung geben und gut vermengen.
- Die Mischung mit einem Teelöffel in die ausgehöhlten Zwiebeln füllen. Öl mit einem Pinsel auf die Zwiebeln streichen. Die gefüllten Zwiebeln in eine Auflaufform setzen. 4 EL Wasser in die Auflaufform gießen und im vorgeheizten Backofen bei 175 °C (Umluft) 20 bis 30 Minuten gar backen.
- Mit frisch gehackter Petersilie garnieren.

Gefüllter Kürbis

خوراک کدو تنبل

Khorak e Kadou Tanbal

Für zwei Personen

1 kleiner Hokkaidokürbis (etwa 800 g)
20 g Butter
2 Knoblauchzehen
1 fein gehackte scharfe Chilischote
200 g Basmatireis
Rapsöl, Sonnenblumenöl oder ein geschmacksneutrales gutes Öl
1 EL Tomatenmark
Salz
frisch gemahlener Pfeffer
1 große Zwiebel
1 mittelgroße Kartoffel
1 mittelgroße rote Paprikaschote
4 EL frisch gehackte Korianderblätter
1 TL frisch geriebener Ingwer
120 ml frisch gepresster Orangensaft

- Kürbis mit einem scharfen Messer waagerecht in zwei Hälften teilen. Stiel und Blütenansatz abschneiden. Die Kerne und das faserige Innere entfernen. Das Kürbisfleisch mit einem scharfen Messer leicht einritzen.
- Butter zerlassen. Knoblauchzehen schälen, klein hacken oder durch die Knoblauchpresse drücken und mit fein gehackter Chilischote unter die zerlassene Butter rühren. Den Kürbis innen damit bestreichen. Die Kürbishälften in einer Auflaufform im vorgeheizten Backofen bei 175 °C (Umluft) etwa 45 Minuten halb gar backen.
- Reis mit 300 ml Wasser, 2 EL Öl, Tomatenmark, etwas Salz und Pfeffer gar kochen.
- Zwiebel schälen, klein schneiden und mit Öl in der Pfanne glasig anbraten. Die Kartoffel schälen, klein würfeln, zur Zwiebel geben, unter schwacher Hitze 5 Minuten anbraten. Paprika putzen, ebenfalls klein würfeln, mit gehacktem Koriander und Ingwer zur Zwiebel-Kartoffel-Mischung geben und 5 Minuten bei schwacher Hitze braten.
- Gegarten Reis und Orangensaft zur Gemüsemischung geben und mit einem Esslöffel gut vermischen. Die Kürbishälften damit füllen, dann noch 10 Minuten bei 150 °C (Umluft) im Backofen garen.

Auberginen mit Linsen

خوراک بادنجان وعدس

Khorake Badendschanva Adas

Für vier Personen

2 runde große Auberginen
Rapsöl, Sonnenblumenöl oder ein geschmacksneutrales gutes Öl
150 g Tellerlinsen
Salz
frisch gemahlener Pfeffer
1 mittelgroße Fleischtomate
200 g Schafskäse (beispielsweise Feta)
frisches Basilikum

- Die ungeschälten Auberginen schräg in zwei Zentimeter dicke Scheiben schneiden. Die Auberginenscheiben auf ein mit Backpapier belegtes Backblech legen, mit Öl bepinseln und im vorgeheizten Backofen bei 175 °C (Umluft) 20 bis 30 Minuten von beiden Seiten goldbraun backen.
- Linsen mit 300 ml Wasser, etwas Salz und Pfeffer gar kochen. Gegebenenfalls restliches Wasser von den gegarten Linsen abgießen.
- Tomate und Käse in fünf Millimeter dicke Scheiben schneiden.
- In eine kleine Auflaufform eine Auberginenscheibe legen, zwei Esslöffel gegarte Linsen darauf verteilen, eine Scheibe Tomate und zwei Käsescheiben darüberlegen. Das Ganze einmal wiederholen, sodass ein Türmchen entsteht. Mit den restlichen Zutaten auf dieselbe Art verfahren (mit zwei großen Auberginen kann man vier Türmchen schichten).
- Im vorgeheizten Backofen bei 150 °C (Umluft) 10 Minuten backen.
- Mit Basilikumblättern garnieren.

Spinat-Teigtaschen

سموسه

Für vier Personen

Samusa

1 mittelgroße Zwiebel
3 EL Rapsöl, Sonnenblumenöl oder ein geschmacksneutrales gutes Öl
300 g junger Blattspinat
2 Knoblauchzehen
150 g Schafskäse (beispielsweise Feta)
50 g Walnüsse
1 EL frisch geriebener Ingwer
Salz
frisch gemahlener Pfeffer
1 Packung Blätterteig aus dem Kühlregal (etwa 300 g)
Mehl für die Arbeitsfläche
1 Eigelb
1 EL Sesam

- Zwiebel schälen, klein schneiden und mit Öl in einer Pfanne goldgelb anbraten.
- Den frischen Blattspinat verlesen, waschen und abtropfen lassen. Anschließend grob schneiden und in einer Pfanne bei mittlerer Hitze leicht dünsten. Dann unter scharfer Hitze und ständigem Rühren das Wasser verdunsten lassen.
- Die Knoblauchzehen schälen, zerdrücken und mit den gebratenen Zwiebeln unter den gegarten Spinat rühren, dann abkühlen lassen.
- Schafskäse in kleine Würfel schneiden. Walnüsse grob hacken und mit dem Käse und Ingwer zur Spinatmischung geben. Mit Salz und Pfeffer abschmecken.
- Blätterteig auf der leicht bemehlten Arbeitsfläche ausrollen. Den Teig in acht Zentimeter große Quadrate schneiden. Jeweils einen Esslöffel der Spinatmischung auf die eine Hälfte eines Quadrats setzen, die andere Hälfte diagonal darüberklappen, zum Dreieck zusammenschlagen und den Rand mit einer Gabel fest zusammendrücken.
- Die Samusa auf ein mit Backpapier belegtes Backblech legen. Eigelb in einer kleinen Schüssel cremig schlagen, mit einem Pinsel auf die Teigtaschen streichen, zum Schluss mit etwas Sesam bestreuen.
- Im vorgeheizten Backofen bei 200 °C (Umluft) 25 Minuten backen. Aus dem Ofen nehmen und kurz abkühlen lassen. Mit Joghurt servieren.

Omelette und Küchlein

Darf es auch etwas einfacher sein? Wer frisches Gemüse und Kräuter mag, muss dafür nicht unbedingt lange kochen. Omelette eignen sich auch für die Studentenküche oder den Picknickkorb, da sie meist keine aufwendigen Zutaten erfordern und auch kalt gut schmecken. Serviert man dazu noch Oliven, mariniert mit Walnuss-Granatapfel-Sauce *(Seitoun e Parwardeh,* Seite 149), wird selbst ein einfaches Omelett zu einer besonderen orientalischen Gaumenfreude.

Das Grundprinzip für Omelette: Eier werden mit verschiedenen Kräutern, Gemüsen und Obst gemischt. Dann wird gerührt. Anschließend wird die Masse im heißen Öl zu einem Omelett gebraten. Je länger die Masse gerührt wird, desto luftiger wird das Omelett.

Bild links: Isfahan, Freitagsmoschee

Möhren-Kartoffel-Omelett

کوکوی سبزیجات

Koukou e Sabsidschat

Für vier Personen

5 Eier
Salz
frisch gemahlener Pfeffer
50 g Semmelbrösel
2 Stangen Bleichsellerie (etwa 200 g)
2 mittelgroße Möhren
2 mittelgroße Kartoffeln
1 mittelgroße Zwiebel
Rapsöl, Sonnenblumenöl oder ein geschmacksneutrales gutes Öl
50 g frische glatte Petersilie

- Eier mit Salz und Pfeffer in einer großen Schüssel schaumig schlagen. Semmelbrösel unter die Eier rühren.
- Bleichsellerie in dünne Scheiben schneiden. Möhren, Kartoffeln und Zwiebel schälen, raspeln und mit dem Bleichsellerie zu den Eiern geben. Mit Salz und Pfeffer abschmecken.
- Öl in einer Pfanne erhitzen. Die Mischung mit einem Esslöffel in die Pfanne setzen, mit der Löffelunterseite flach drücken und auf beiden Seiten bei schwacher Hitze goldbraun anbraten.
- Das Omelett in einem flachen Teller anrichten, mit Petersilienblättern verzieren und Fladenbrot dazu servieren.

Pikante Kichererbsenküchlein

فلافل

Falafel

Für vier Personen

250 g Kichererbsen
3 Eier
1 TL Samen vom Schwarzen Kreuzkümmel (siehe Seite 22)
¼ TL Kurkumapulver
Salz
1 TL Chilipulver
200 g frischer Koriander
Rapsöl, Sonnenblumenöl oder ein geschmacksneutrales gutes Öl

- Kichererbsen gründlich waschen und mit 500 ml Wasser mindestens 12 Stunden einweichen, bis die Kichererbsen ihre Größe verdoppelt und das Einweichwasser fast ganz aufgesogen haben. Dann die Kichererbsen mit 500 ml Wasser kochen, bis sie weich werden und das Wasser aufnehmen. Warm zu einer weichen Paste pürieren.
- Eier in einer großen Schüssel schaumig schlagen. Mit Schwarzem Kreuzkümmel, Kurkuma, Salz und Chili würzen. Die pürierten Kichererbsen unterrühren.
- Korianderblätter abzupfen, waschen, abtropfen lassen, klein hacken und mit der Kichererbsen-Ei-Mischung vermengen.
- Öl in einer Pfanne erhitzen. Etwa zwei Esslöffel Teig mit hohlen Händen und kreisender Bewegung zu einem glatten Ball formen, anschließend leicht flach drücken und in der Pfanne auf beiden Seiten goldgelb braten. Den gesamten Teig auf diese Weise verarbeiten.

Tipp Die Küchlein schmecken auch kalt. Dazu passt Joghurt mit wildem Knoblauch (*Mast wa Mousir,* Seite 139).

Augenbohnen-Küchlein

کوکو لوبیا چشم بلبلی

Koukou e Loubia Cheschmbolboli

Für vier Personen

150 g Augenbohnen
Salz
1 mittelgroße Zwiebel
2 Eier
100 g frische glatte Petersilie
3 mittelgroße Kartoffeln
50 g Weizenmehl
½ TL Kurkumapulver
frisch gemahlener Pfeffer
Rapsöl, Sonnenblumenöl oder ein geschmacksneutrales gutes Öl

- Die Augenbohnen mit 300 ml Wasser und ¼ TL Salz 30 Minuten gar kochen, bis im Topf kein Wasser mehr übrig ist. Die Kochzeit reduziert sich, wenn man die Augenbohnen vorher einweicht.
- Zwiebel schälen, reiben und das Zwiebelwasser in einem Sieb abtropfen lassen. Augenbohnen mit Zwiebel und Eiern im Mixer pürieren. Petersilie verlesen, waschen, klein schneiden und unter den Bohnenteig mischen.
- Kartoffeln waschen, gar kochen, dann schälen und fein reiben. Geriebene Kartoffeln mit Mehl, Kurkuma und der Bohnenmischung vermengen. Mit Salz und Pfeffer würzen und die Mischung im Kühlschrank 30 Minuten ruhen lassen.
- Öl in der Pfanne erhitzen. Mit einem Esslöffel walnussgroße Häufchen der Mischung in die Pfanne geben, mit der Löffelunterseite flach drücken und beidseitig goldbraun anbraten.

Kräuteromelett

کوکوی سبزی

Koukou e Sabsi

Für vier Personen

200 g frische glatte Petersilie
200 g frischer Koriander
1 Bund Frühlingszwiebeln
200 g Blattspinat
4 Eier
2 EL grob gehackte Walnüsse
1 EL Weizenmehl
Salz
frisch gemahlener Pfeffer
¼ TL Kurkumapulver
1 EL Berberitzen (optional)
Rapsöl, Sonnenblumenöl oder ein geschmacksneutrales gutes Öl

- Kräuter, Frühlingszwiebeln und Spinat putzen, waschen, abtropfen lassen, klein hacken und mischen.
- Eier in einer Schüssel schaumig schlagen. Kräutermischung, Walnüsse und Mehl untermischen, mit Salz und Pfeffer abschmecken, mit Kurkuma würzen. Die Berberitzen verlesen, in einem Sieb waschen, gut abtropfen lassen und mit der Kräuter-Ei-Mischung vermengen.
- Öl in einer Pfanne erhitzen. Die Kräuter-Ei-Mischung in die Pfanne geben, mit der Löffelunterseite flach drücken und bei schwacher Hitze von einer Seite goldbraun anbraten. Das Omelett vierteln, wenden und auch die andere Seite anbraten.

Tipp Dazu passt ein Gurken-Tomaten-Salat (*Salad e Schirasi*, Seite 140).

Zwiebelomelett

کوکوی پیاز

Für vier Personen

Koukou e Pias

3 große Zwiebeln
Rapsöl, Sonnenblumenöl oder ein geschmacksneutrales gutes Öl
3 Eier
¼ TL frisch gemörserter Safran (siehe Seite 21)
1 EL Weizenmehl
Salz
frisch gemahlener Pfeffer

- Zwiebeln schälen und in der Küchenmaschine klein hacken oder mit einer Reibe fein raspeln. In einem Sieb gut abtropfen lassen und mit den Händen ausdrücken. Die Zwiebeln mit 1 EL Öl in einer Pfanne bei mittlerer Hitze 5 Minuten dünsten, dabei ständig umrühren, dann abkühlen lassen.
- Eier in einer großen Schüssel schaumig schlagen. Safran in 1 TL warmem Wasser auflösen und unter die Eier mischen. Die Zwiebeln und das Weizenmehl unter die Eier rühren und gut mischen. Mit Salz und Pfeffer abschmecken.
- Öl in der Pfanne erhitzen. Die Mischung in die Pfanne geben, mit der Löffelunterseite flach drücken und von einer Seite goldbraun anbraten. Das Omelett wenden und auch die andere Seite anbraten.

Omelett mit grünen Bohnen

کوکوی لوبیا سبز

Koukou e Loubia Sabs

Für vier Personen

500 g grüne Bohnen
2 mittelgroße Zwiebeln
Rapsöl, Sonnenblumenöl oder ein geschmacksneutrales gutes Öl
4 Eier
1 EL Weizenmehl
¼ TL Kurkumapulver
Salz
frisch gemahlener Pfeffer
1 Fleischtomate

- Von den grünen Bohnen die Spitzen und Stielansätze abschneiden und dabei jeweils auf einer Seite den Faden abziehen. Bohnen in etwa einen Zentimeter lange Stücke schneiden. Die Bohnen mit etwas Wasser gar kochen.
- Zwiebeln schälen, klein schneiden, mit Öl in einer Pfanne goldgelb anbraten und etwas abkühlen lassen.
- Eier in einer großen Schüssel schaumig schlagen. Die angebratenen Zwiebeln, die gegarten, abgegossenen Bohnen und das Weizenmehl mit den Eiern vermengen. Mit Kurkuma, Salz und Pfeffer abschmecken.
- Öl in einer Pfanne erhitzen. Die Bohnen-Ei-Masse in die Pfanne geben, mit der Löffelunterseite flach drücken und von einer Seite bei schwacher Hitze goldbraun anbraten. Das Omelett wenden und auch die andere Seite anbraten.
- Tomate in Scheiben schneiden. Das Omelett auf einem flachen Teller anrichten und mit den Tomatenscheiben verzieren.

Topinambur-Küchlein

کوکو سیب زمینی ترشی

Kuko Sibzamini Torschi

Für vier Personen

300 g Topinambur
200 g Kartoffeln
100 g Möhren
4 große Eier
1 EL Weizenmehl
½ TL Kurkumapulver
Salz
frisch gemahlener Pfeffer
Rapsöl, Sonnenblumenöl oder ein geschmacksneutrales gutes Öl

- Topinambur und Kartoffeln waschen, schälen und grob in eine große Schüssel reiben. Möhren schälen, fein reiben und zu Topinambur und Kartoffeln geben. Eier, Mehl und Kurkuma dazugeben, mit Salz und Pfeffer würzen und gut vermengen.
- Öl in der Pfanne erhitzen. Mit einem Esslöffel walnussgroße Häufchen in die Pfanne geben, mit der Löffelunterseite flach drücken und beidseitig goldbraun anbraten. Mit Brot und Salat servieren.

Joghurt-Möhren-Omelett

کوکوی ماست

Koukou e Mast

Für vier Personen

2 Bund Frühlingszwiebeln
2 mittelgroße Möhren
4 Eier
¼ TL frisch gemörserter Safran (siehe Seite 21)
1 EL Weizenmehl
75 g Joghurt (10 % Fett)
1 EL Mandelstifte
1 EL Pistazienstifte
Salz
frisch gemahlener Pfeffer
Rapsöl, Sonnenblumenöl oder ein geschmacksneutrales gutes Öl

- Frühlingszwiebeln fein schneiden. Möhren waschen, schälen und fein raspeln.
- Eier in einer großen Schüssel schaumig schlagen. Safran in 1 TL warmem Wasser auflösen, zu den Eiern geben und gut mischen.
- Mehl, Joghurt, Frühlingszwiebeln, Möhren, Mandelstifte und Pistazienstifte mit den Eiern vermengen. Mit Salz und Pfeffer abschmecken.
- Öl in einer Pfanne erhitzen, die Mischung in die Pfanne geben, etwas flach drücken und bei schwacher Hitze von einer Seite goldgelb anbraten. Das Omelett wenden und auch auf der anderen Seite anbraten. Auf einem flachen Teller anrichten, mit Fladenbrot servieren.

Tipp Für dieses Gericht kann auch Joghurt mit einem Fettgehalt von 3,5 % verwendet werden. Joghurt mit einem Fettgehalt von 10 % ist in gut sortierten Lebensmittelgeschäften erhältlich.

Blumenkohl-Berberitzen-Omelett

کوکوی گل کلم

Koukou e Gol e Kalam

Für vier Personen

1 mittelgroßer Blumenkohl
Salz
2 mittelgroße Zwiebeln
Rapsöl, Sonnenblumenöl oder ein geschmacksneutrales gutes Öl
4 Eier
¼ TL frisch gemörserter Safran (siehe Seite 21)
1 EL Berberitzen
50 g grob gehackte Walnüsse
1 EL Weizenmehl
frisch gemahlener Pfeffer

- Blumenkohl in kleine Röschen teilen. Röschen in wenig Wasser mit etwas Salz garen, dann in einer Schüssel mit einer Gabel zerdrücken.
- Zwiebeln schälen, klein schneiden, mit Öl in einer Pfanne goldgelb anbraten und etwas abkühlen lassen.
- Eier in einer großen Schüssel schaumig schlagen. Safran in 1 TL warmem Wasser auflösen, zu den Eiern geben und mischen.
- Blumenkohl und Zwiebeln unter die Eier rühren. Berberitzen, Walnüsse und Mehl dazugeben und gut vermengen. Mit Salz und Pfeffer abschmecken.
- Öl in einer Pfanne erhitzen, die Blumenkohl-Ei-Masse in die Pfanne geben und die Oberfläche etwas flach drücken. Bei schwacher Hitze von einer Seite goldbraun anbraten, dann wenden und auf der anderen Seite anbraten. Auf einem flachen Teller anrichten und mit Fladenbrot servieren.

Tipp Statt Weizenmehl kann man auch eine andere Mehlsorte verwenden, jedoch möglichst kein dunkles Mehl, weil sonst die schöne gelbe Farbe des Safrans getrübt wird.

Omelett mit Dicken Bohnen und Dill

کوکوی شوید و باقالی

Koukou e Schewid Bagali

Für vier Personen

1 kg frische Dicke Bohnen
Salz
200 g frischer Dill
2 mittelgroße Zwiebeln
Rapsöl, Sonnenblumenöl oder ein geschmacksneutrales gutes Öl
4 Eier
frisch gemahlener Pfeffer
1/4 TL Kurkumapulver
1 große Fleischtomate

- Die Dicken Bohnen entkernen, die Samenhäute entfernen und die Bohnenkerne mit etwas Wasser und Salz 15 bis 20 Minuten garen.
- Dill putzen, waschen, abtropfen lassen und klein schneiden. Zwiebeln schälen, klein schneiden, mit Öl in einer Pfanne goldgelb anbraten. Den Dill dazugeben und ebenfalls kurz anbraten. Vom Herd nehmen und abkühlen lassen.
- Eier mit Salz und Pfeffer in einer großen Schüssel schaumig schlagen. Abgegossene Bohnen, Dill und Zwiebeln untermischen und mit Kurkuma würzen.
- Öl in der Pfanne erhitzen. Die Mischung in die Pfanne geben, mit der Löffelunterseite flach drücken und von einer Seite bei schwacher Hitze goldbraun anbraten. Das Omelett vierteln, wenden und auch auf der anderen Seite anbraten.
- Die Tomate in Scheiben schneiden, das Omelett auf einem flachen Teller anrichten und mit den Tomatenscheiben verzieren.

Kräuter-Zucchini-Omelett

کوکوی کدو با سبزی

Koukou e Kadou ba Sabsi

Für zwei Personen

50 g frischer Koriander
50 g frische glatte Petersilie
1 Bund Frühlingszwiebeln
2 mittelgroße Zucchini
4 Eier
1 EL Weizenmehl
¼ TL Kurkumapulver
1 EL grob gehackte Walnüsse
Salz
frisch gemahlener Pfeffer
Rapsöl, Sonnenblumenöl oder ein geschmacksneutrales gutes Öl
1 große Tomate

- Kräuter und Frühlingszwiebeln putzen, waschen, abtropfen lassen und klein schneiden. Zucchini mit der Schale raspeln.
- Eier in einer großen Schüssel schaumig schlagen. Kräuter und Zucchiniraspel unterrühren und gut mischen. Mit Weizenmehl, Kurkuma und Walnüssen vermengen, mit Salz und Pfeffer abschmecken.
- Öl in einer Pfanne erhitzen, die Masse in die Pfanne geben, mit der Löffelunterseite flach drücken und von einer Seite bei schwacher Hitze goldbraun anbraten. Das Omelett wenden und auch auf der anderen Seite anbraten.
- Tomate in Scheiben schneiden. Das Omelett auf einem flachen Teller anrichten und mit Tomatenscheiben verzieren.

Apfel-Berberitzen-Omelett

کوکوی سیب

Koukou e Sib

Für zwei Personen

4 große Äpfel
5 Eier
3 EL Milch
1 EL Berberitzen
¼ TL Zimtpulver (optional)
1 EL Weizenmehl
Salz
¼ TL frisch gemörserter Safran (siehe Seite 21)
Rapsöl, Sonnenblumenöl oder ein geschmacksneutrales gutes Öl

- Äpfel schälen und grob raspeln.
- Eier in einer großen Schüssel schaumig schlagen. Die geraspelten Äpfel unterrühren. Mit Milch, Berberitzen, Zimt und Weizenmehl vermengen, mit wenig Salz abschmecken.
- Safran in 1 EL warmem Wasser auflösen und mit der Apfel-Ei-Masse mischen.
- Öl in einer Pfanne erhitzen. Die Mischung in die Pfanne geben, mit der Löffelunterseite flach drücken und von einer Seite bei schwacher Hitze goldbraun anbraten. Das Omelett wenden und auch auf der anderen Seite anbraten.

Festliche Gerichte

Es braucht nicht immer eine Hochzeit oder ein runder Geburtstag zu sein: Perser kennen unzählige Anlässe, um die eine oder andere Perle ihrer Kochkunst zu präsentieren. Das kann Besuch von der Verwandtschaft sein, ein besonderer Gast oder einfach nur ein Treffen mit Freunden, die man schon eine Weile nicht mehr gesehen hat. Je wichtiger der Anlass ist, desto mehr kulinarische Perlen darf man natürlich sehen – und kosten. An einem richtigen Festtag legt selbst der Reis sein weißes Alltagsgewand ab und schmückt sich mit rubinroten Berberitzen, smaragdgrünen Pistazien und goldgelbem Safran. Ein solcher Edelsteinreis *(Morasa Polo,* Seite 118) gesellt sich dann gerne zu Quitten in Walnuss-Granatapfel-Sauce *(Chorescht e Fesendschan ba Beh,* Seite 126).

Ganz wichtig: Wer ahnt, dass ihn derartige Leckereien erwarten, sollte zum Menü richtig hungrig erscheinen und möglichst langsam essen, denn der Gastgeber wird genau darauf achten, dass die Teller stets voll sind. Ein leerer Teller wird unweigerlich als Wunsch nach mehr interpretiert und allen Abwehrversuchen zum Trotz so oft mit Köstlichkeiten beladen, bis der größte Teil der Speisen seinen Weg von den Schüsseln und Platten in die Mägen der Gäste gefunden hat.

Bild links oben: Kashan, Tabatabayi-Haus
unten: Kashan, Tabatabayi-Haus

Kräuter-Nudel-Suppe

آش رشته

Asch e Reschteh

Für sechs Personen

50 g Wachtelbohnen
50 g Kichererbsen
50 g grüne Linsen
200 g frische glatte Petersilie
200 g frischer Koriander
250 g Blattspinat
1 Bund Frühlingszwiebeln
3 mittelgroße Zwiebeln
Rapsöl, Sonnenblumenöl oder ein geschmacksneutrales gutes Öl
½ EL Kurkumapulver
150 g Reschteh (persische Nudeln) oder asiatische dünne Weizennudeln
150 ml flüssiges Kaschk (siehe Seite 65) oder 150 g saure Sahne
Salz
frisch gemahlener Pfeffer
1 EL getrocknete Minze
4 Knoblauchzehen
1 Messerspitze Kurkumapulver

- Wachtelbohnen und Kichererbsen über Nacht in 200 ml lauwarmem Wasser einweichen. Am nächsten Tag mit dem restlichen Einweichwasser und 2 Liter frischem Wasser eine Stunde bissfest kochen. Die Linsen dazugeben und alles gar kochen.
- Frische Kräuter, Spinat und Frühlingszwiebeln verlesen, waschen, abtropfen lassen und klein schneiden. Die Zwiebeln schälen, in dünne Streifen schneiden und mit Öl in einer Pfanne goldgelb anbraten. Kurkuma dazugeben und kurz weiterbraten. Zusammen mit den gehackten Kräutern, den Frühlingszwiebeln und dem Spinat zu den Hülsenfrüchten in den Topf geben. Bei mittlerer Hitze 20 Minuten kochen und dabei gelegentlich umrühren.
- Die Nudeln dazugeben und 5 bis 10 weitere Minuten unter ständigem Rühren gar kochen.

- Das Kaschk mit 150 ml Wasser verdünnen, in einem kleinen Topf 20 Minuten kochen, anschließend unter die Suppe rühren und noch 5 Minuten mitkochen lassen. Wird saure Sahne verwendet, diese nur verdünnen, nicht kochen, am Ende der Kochzeit zur Suppe geben und nur leicht warm werden lassen. Die Suppe mit Salz und Pfeffer abschmecken.
- Knoblauchzehen schälen, klein hacken und mit 2 EL Öl und Kurkuma in einer Pfanne kurz erhitzen. Die getrocknete Minze mit 2 EL Öl ebenfalls kurz erhitzen, bis die Minze leicht duftet.
- Die Suppe in eine große Schüssel geben und mit gebratenem Knoblauch und gebratener Minze verzieren.

Tipp Die traditionelle persische Küche kennt zwei Sorten Nudeln: *Reschteh,* wie sie für die beschriebene Suppe *Asch e Reschteh* verwendet wird, und eine weitere Sorte, die man für ein spezielles Reisgericht verwendet.

Wenn jemand aus der Familie auf eine lange Reise geht, kommen die Frauen aus der nahen Verwandtschaft drei Tage nach der Abreise zusammen und kochen diese Kräutersuppe. Sie verteilen die Suppe in schönen Porzellanschalen an Nachbarn und Verwandte, damit diese an den Reisenden denken. Das Überbringen der Suppe teilt den Bekannten mit, dass ein Mitglied der Familie verreist ist, und dient so als eine Art Benachrichtigung. Gleichzeitig sorgen gemeinsames Kochen und Essen dafür, dass sich der Rest der Familie nicht einsam fühlt.

Edelsteinreis

مرصع پلو

Für sechs Personen

Morasa Polo

500 g Basmatireis
2 EL Salz
1 unbehandelte Bitterorange oder 1 unbehandelte normale Orange
1 TL frisch gemörserter Safran (siehe Seite 21)
9 EL Rapsöl, Sonnenblumenöl oder ein geschmacksneutrales gutes Öl
7 EL Zucker
2 mittelgroße Möhren
100 g Berberitzen
100 g Mandelstifte
75 g Pistazienstifte

- Den Reis gründlich waschen. Dann den Reis in einem Liter Wasser mit dem Salz 2 bis 3 Stunden einweichen.
- Die Bitterorange (oder Orange) gründlich unter heißem Wasser abbürsten. Die äußere Fruchtschale (ohne die weiße Schicht) in etwa zwei Zentimeter breiten Streifen abschälen. Die Schalenstreifen längs in einen Millimeter dünne Streifen schneiden. Um die Orangenschale zu entbittern, die Schalenstreifen 5 Minuten in kochendem Wasser blanchieren und anschließend 2 Stunden in kaltem Wasser einweichen, dann absieben.
- Safran in 3 EL heißem Wasser auflösen und zur Seite stellen.
- Die abgetropften Orangenschalen mit 1 EL Öl, 3 EL Zucker und 1 EL des gelösten Safrans bei niedriger Hitze 10 Minuten dünsten. Dabei umrühren, bis die Schalenstreifen den Zucker und das Wasser komplett einziehen und süß werden.
- Die Möhren grob raspeln. 2 EL Öl in einer Pfanne erhitzen und die geraspelten Möhren in der Pfanne unter ständigem Rühren 3 Minuten anbraten, dann 2 EL Zucker und 1 EL des gelösten Safrans hinzufügen und gut mischen.
- Berberitzen verlesen, waschen und in einem Sieb abtropfen lassen. Mit 2 EL Öl, 2 EL Zucker, 3 EL Wasser und 1 EL des gelösten Safrans in einem kleinen Topf bei mittlerer Hitze 5 Minuten dünsten, bis der Zucker gelöst ist und die Beeren süßlich werden.

- In einem Topf 3 Liter Wasser zum Kochen bringen. Den Reis abgießen und in das kochende Wasser geben. Bei mittlerer Hitze 6 bis 10 Minuten bissfest kochen, anschließend in einem Sieb gut abtropfen lassen.
- 4 EL Öl und 5 EL kaltes Wasser in einem Topf erhitzen und zwei Schaumlöffel Reis hineingeben. Den restlichen Reis mit Mandelstiften, gesüßten Orangenschalen und geraspelten Möhren mischen und dazugeben. Nach der Tschelo-Methode (siehe Seite 42) 30 Minuten gar dämpfen.
- Die Reismischung auf einem großen flachen Teller schichtweise mit gesüßten Berberitzen und Pistazienstiften anrichten.

Edelsteinreis wird gerne zu Hochzeiten serviert. Die Berberitzen erinnern an Rubine, die Pistazien an Smaragde und der safrangelbe Reis an Gold.

Früchte-Nuss-Reis mit Joghurtkruste

آجیل پلو با ته دیگ ماست

Adschiel Polo ba Tahdig e Mast

Für sechs Personen

500 g Basmatireis
Salz
100 g getrocknete Aprikosen
100 g Rosinen
3 mittelgroße Zwiebeln
Rapsöl, Sonnenblumenöl oder ein geschmacksneutrales gutes Öl
1 TL Reisgewürz (siehe Seite 43)
500 g Sauerkirschen
2 EL Zucker
75 g grob gehackte Walnüsse
3 EL Joghurt (3,5 % Fett)
½ TL frisch gemörserter Safran (siehe Seite 21)
50 g Butter
2 EL Pistazienstifte

- Den Reis gründlich waschen. Dann den Reis in einem Liter Wasser mit 2 EL Salz 2 Stunden einweichen.
- Die getrockneten Aprikosen waschen, klein schneiden und in 5 EL Wasser 2 Stunden einweichen. Die Rosinen waschen und gut abtropfen lassen.
- Die Zwiebeln schälen, klein schneiden und mit Öl in einer Pfanne goldgelb anbraten. Die Hälfte des Reisgewürzes hinzufügen, umrühren und beiseite stellen.
- Die Sauerkirschen waschen, entsteinen und mit den eingeweichten Aprikosen, Zucker, Walnüssen und Rosinen 5 Minuten garen. Die angebratenen Zwiebeln dazugeben und alles gut mischen. Das restliche Reisgewürz dazugeben, mit Salz abschmecken.
- 3 Liter Wasser in einem Topf zum Kochen bringen. Den Reis abgießen, in das kochende Wasser geben und bei mittlerer Hitze bissfest kochen. In einem Sieb gut abtropfen lassen.

- Zwei Schaumlöffel Reis in einer Schüssel mit dem Joghurt und einer Messerspitze Safran mischen. 3 EL Öl in einem Topf kurz erhitzen. Die Joghurt-Reis-Mischung in den Topf geben und mit der Löffelunterseite flach drücken. Den restlichen Reis und die Früchte-Nuss-Mischung schichtweise dazugeben. Den Reis 15 Minuten zugedeckt bei mittlerer Hitze garen. Die Butter in einem kleinen Topf zerlassen und zusammen mit 3 EL heißem Wasser gleichmäßig über den Reis gießen.
- Den Topfdeckel mit einem Küchentuch einwickeln und den Topf sofort fest mit dem eingewickelten Topfdeckel abdecken. Den Reis bei schwacher Hitze 20 bis 30 Minuten dämpfen. Den restlichen Safran in 2 EL warmem Wasser auflösen. Einen Schaumlöffel fast fertig gedämpften Reis aus dem Topf nehmen, mit dem aufgelösten Safran gut vermischen und in den Topf zurückgeben – nicht mit dem restlichen Reis im Topf mischen. Den Reis 10 weitere Minuten fertig dämpfen.
- Den Topf vom Herd nehmen und kurz in kaltes Wasser stellen. Den goldgelben Safranreis vorsichtig abnehmen, die übrige Reismischung auf einem flachen Teller anrichten und mit dem Safranreis und den Pistazienstiften verzieren. Die Reiskruste vom Topfboden lösen, auf einen Teller stürzen und separat zum Reis servieren.

Reiskuchen mit Spinat-Pflaumen-Füllung

ته چین اسفناج

Tahtschin e Esfanadsch

Für sechs Personen

400 g Basmatireis
Salz
750 g junger Blattspinat
2 mittelgroße Zwiebeln
Rapsöl, Sonnenblumenöl oder ein geschmacksneutrales gutes Öl
100 g getrocknete Pflaumen
3 Eier
½ TL frisch gemörserter Safran (siehe Seite 21)
250 g Joghurt (3,5 % Fett)
50 g Butter
3 EL Berberitzen
2 EL Zucker
1 Messerspitze frisch gemörserter Safran

- Den Reis gründlich waschen. Dann den Reis in einem Liter Wasser mit 2 EL Salz 2 bis 3 Stunden quellen lassen.
- Den Blattspinat verlesen, dicke Stiele entfernen, die Blätter waschen und abtropfen lassen. Anschließend grob zerkleinern und bei niedriger Hitze garen. Dann kurz bei scharfer Hitze rühren, bis das Wasser verdunstet ist.
- Die Zwiebeln schälen, klein hacken und mit Öl in einer Pfanne goldgelb anbraten. Den gegarten Spinat dazugeben und bei mittlerer Hitze 3 Minuten anbraten.
- Die Pflaumen klein schneiden und mit etwas Salz unter Spinat und Zwiebeln rühren.
- Reis abgießen. In einem großen Topf 2 Liter Wasser mit 1 EL Salz zum Kochen bringen, den Reis hinzufügen und bei mittlerer Hitze 6 bis 10 Minuten bissfest kochen. Anschließend den Reis in ein Sieb geben und gut abtropfen lassen.
- Eier in einer großen Schüssel schaumig schlagen. Safran in 1 EL heißem Wasser auflösen und mit dem Joghurt unter die Eier rühren. Den Reis dazugeben und gut mischen.

Goldene Walnüsse und gezuckerte Mandeln für das Brautpaar

Endlos essen und stundenlang tanzen, das ist die Essenz jeder persischen Hochzeit. Je nach Region und Tradition kann das Fest sogar einige Tage dauern. Dabei werden die aufwendigsten und besten persischen Gerichte angeboten, etwa gefüllte Reiskuchen und Edelsteinreis, schließlich will sich die Familie des Bräutigams nicht blamieren. Gespart wird dann weder beim Edelgewürz Safran noch bei aufwendig zubereiteten Süßigkeiten – ein besseres persisches Essen als auf Hochzeiten wird man nirgends finden.

Doch schon vor Beginn der Trauung dreht sich vieles ums Essen – wenn auch nur symbolisch. Die Frauen aus der Familie der Braut breiten vor dem Hochzeitspaar ein handgenähtes ornamentiertes Tuch aus und stellen darauf drei Körbchen mit silbern oder golden gefärbten Mandeln, Walnüssen und Eiern. Sie symbolisieren Schönheit, Wohlstand und Fruchtbarkeit. Dazu kommen ein Spiegel und Kerzen für Ehrlichkeit und Licht, eine Schüssel aus Kandis für eine süße Zukunft sowie bunter Weihrauch gegen Neid und Missgunst. Nicht nur zur Dekoration, sondern auch zum Essen wird eine Platte mit Vollkornbrot, Käse und aromatischen Kräutern auf das Tuch gestellt, zusammen mit einem Korb voll gezuckerter Mandeln, die in kleine Tütchen verpackt sind. Nach der Trauung werden Brot und Käse sowie die Mandeltütchen unter den Gästen verteilt. So kann das Brautpaar seine Freude mit anderen teilen. Auch eine Schale Honig darf nicht fehlen. Gleich nach der Trauung stecken die frisch Verheirateten jeweils ihren kleinen Finger hinein und lassen sich gegenseitig davon kosten. So beginnt die erste süße Freude im gemeinsamen Leben.

Während der Trauungszeremonie wird ein weißes Tuch über den Köpfen des Brautpaars gehalten. Darüber zerreiben die Frauen beider Familien abwechselnd zwei Zuckerhütchen – der süße Regen soll viel Glück bringen.

- 5 EL Öl in eine feuerfeste Auflaufform aus Glas geben. Eine Hälfte der Reismasse hineinfüllen und mit der Löffelunterseite flach drücken. Die Spinat-Pflaumen-Mischung über den Reis schichten und mit der restlichen Reismischung bedecken. Butter in kleine Würfel schneiden und auf dem Reis verteilen.
- Den Reiskuchen im vorgeheizten Ofen bei 175 °C (Umluft) 60 bis 80 Minuten goldbraun backen. Aus dem Backofen nehmen, 5 bis 10 Minuten abkühlen lassen und den Reiskuchen auf einen Teller stürzen.
- Berberitzen mit dem Zucker, 1 EL Öl, dem Safran und 2 EL Wasser 3 Minuten erhitzen, bis die Beeren das Wasser aufnehmen und süßlich werden. Den Reiskuchen mit den gesüßten Berberitzen verzieren.

Reiskuchen mit Auberginen

ته‌چین بادنجان

Tahtschin e Bademjoon

Für vier Personen

300 g Basmatireis
Salz
2 mittelgroße Auberginen
Rapsöl, Sonnenblumenöl oder ein geschmacksneutrales gutes Öl
1 mittelgroße Zwiebel
1 EL Tomatenmark
3 Eigelb
½ TL frisch gemörserter Safran (siehe Seite 21)
200 g Joghurt (3,5 % Fett)
50 g Butter
2 EL Berberitzen
2 EL Zucker

- Den Reis gründlich waschen und abgießen. Dann den Reis in einem Liter Wasser mit 2 EL Salz bis zu 3 Stunden quellen lassen.
- Die Auberginen quer in zwei Zentimeter dicke Scheiben schneiden. In der Pfanne mit Öl bei scharfer Hitze beidseitig anbraten. Zwiebel schälen, klein schneiden und mit Öl in einer zweiten Pfanne goldbraun anbraten. Tomatenmark mit 100 ml Wasser verrühren, mit der Zwiebel zu den Auberginen geben und 15 Minuten garen.
- Reis abgießen. In einem großen Topf 2 Liter Wasser mit 1 EL Salz zum Kochen bringen, den Reis hinzufügen und bei mittlerer Hitze 6 bis 10 Minuten bissfest kochen. Anschließend den Reis in ein Sieb geben und gut abtropfen lassen.
- Eigelbe in einer großen Schüssel schaumig schlagen. Safran in 1 EL heißem Wasser auflösen und mit dem Joghurt unter die Eigelbe rühren. Den Reis dazugeben und gut mischen.
- 5 EL Öl in eine feuerfeste Auflaufform aus Glas geben. Eine Hälfte der Reismasse hineinfüllen und mit der Löffelunterseite flach drücken. Die Auberginenmischung über den Reis schichten und mit der restlichen Reismischung bedecken. Butter in kleine Würfel schneiden und auf dem Reis verteilen.

- Den Reiskuchen im vorgeheizten Backofen bei 175 °C (Umluft) 60 Minuten zugedeckt goldbraun backen. Aus dem Ofen nehmen, 5 bis 10 Minuten abkühlen lassen und auf einen Teller stürzen.
- Berberitzen mit Zucker, 1 EL Öl und 2 EL Wasser 3 Minuten erhitzen, bis die Beeren das Wasser aufnehmen und süßlich werden. Den Reiskuchen mit den gesüßten Berberitzen verzieren.

Quitten mit Granatapfel-Walnuss-Sauce

خورشت فسنجان با به

Choresch t e Fesendschan ba Beh

Für sechs Personen

2 große Quitten
Rapsöl, Sonnenblumenöl oder ein geschmacksneutrales gutes Öl
4 mittelgroße Zwiebeln
250 g fein gemahlene Walnüsse
150 ml Granatapfelkonzentrat
Salz
1 TL frisch gemörserter Safran (siehe Seite 21)
60 g Zucker

- Die ungeschälten Quitten waschen, abtrocknen, aufrecht stellen und in Viertel schneiden. Die Kerngehäuse herausnehmen. Dann jedes Stück noch einmal der Länge nach in jeweils drei Scheiben schneiden. Öl in einer Pfanne erhitzen, die Quittenscheiben von beiden Seiten goldbraun anbraten und anschließend beiseite stellen.
- Zwiebeln schälen und in der Küchenmaschine oder mit einem Messer fein hacken. Die fein gemahlenen Walnüsse und die Zwiebeln in einen Topf geben.
- Granatapfelkonzentrat und 150 ml Wasser dazugießen, mit Salz abschmecken. Die Zwiebel-Walnuss-Mischung bei mittlerer Hitze zum Kochen bringen. Bei schwacher Hitze mindestens 2 Stunden kochen lassen und dabei gelegentlich gründlich umrühren.
- Die angebratenen Quittenscheiben dazugeben und mit Safran und Zucker 10 bis 15 weitere Minuten bei schwacher Hitze kochen lassen. In einem tiefen Teller anrichten und mit Reis servieren.

Tipp Achtung: Die Sauce ist sehr dickflüssig und brennt schnell an, also tüchtig umrühren!

Vegetarischer Kebab

کباب گیاهی

Kabab e Giahi

Für vier Personen

100 g Kichererbsen
100 g Kidneybohnen
Salz
2 Knoblauchzehen
15 g gekochte Rote Bete (optional, für eine kräftige rote Farbe)
25 g gemahlene Walnüsse
25 g geschälte und gemahlene Mandeln
3 EL Semmelbrösel
4 TL Tahin
frisch gemahlener Pfeffer
Butter zum Braten
1 EL Sumachpulver zum Garnieren (optional)

12 Schaschlikspieße

- Kichererbsen und rote Bohnen in einen Topf geben, gründlich waschen und das Wasser abgießen. Wasser zum Einweichen zugießen, bis die Bohnen und Kichererbsen drei Finger breit mit Wasser bedeckt sind. Die Bohnen und Erbsen über Nacht einweichen.
- Das Einweichwasser abgießen und 600 ml frisches Wasser hinzugießen. Bohnen und Kichererbsen mit ½ TL Salz zugedeckt gar kochen, bis kein Wasser mehr im Topf ist.
- Knoblauchzehen schälen, zusammen mit Roter Bete, Kichererbsen sowie roten Bohnen mit dem Pürierstab fein pürieren. Walnüsse, Mandeln, Semmelbrösel und Tahin dazugeben. Mit Salz und Pfeffer würzen und zu einem homogenen Teig vermengen. Den Teig 1 Stunde im Kühlschrank ruhen lassen.
- Teig in zwölf Portionen teilen und jeweils mit den Händen um einen Spieß zu einer länglichen Bulette formen. Butter in einer Pfanne zerlassen und die Spieße von beiden Seiten kurz in der Pfanne anbraten. Mit Safranreis servieren.

Tipp Dazu passen gegrillte Tomaten. Einfach ein paar Kirschtomaten aufspießen und ebenfalls in der Pfanne anbraten.

Gefüllte Weinblätter

دلمه برگ مو

Dolme e Barg e Mo

Für sechs Personen

400 g frische Weinblätter oder 400 g salzig eingelegte Weinblätter
250 g Basmatireis
Salz
½ TL Kurkumapulver
2 große Zwiebeln
Rapsöl, Sonnenblumenöl oder ein geschmacksneutrales gutes Öl
200 g frische glatte Petersilie
100 g frischer Dill
200 g frische Minze
100 g frischer Estragon
50 g gelbe Schälerbsen
50 g Rosinen
3 EL Zucker
5 EL Weinessig (5 % Essigsäure)
frisch gemahlener Pfeffer

- Die frischen Weinblätter waschen und abtropfen lassen. Wenn man eingelegte Weinblätter verwendet, muss man diese vor der Verwendung mindestens 2 bis 3 Stunden in Wasser legen und das Wasser währenddessen zwei bis drei Mal wechseln, damit den Blättern das Salz entzogen wird. Nach dem Waschen die eingelegten Weinblätter in eine hitzebeständige Schüssel geben, mit heißem, nicht kochendem Wasser bedecken und 30 Minuten ziehen lassen, dann abgießen und gut abtropfen lassen.
- Reis mit lauwarmem Wasser gründlich waschen. Dann mit 250 ml Wasser, Salz und Kurkuma bei mittlerer Hitze bissfest kochen.
- Zwiebeln schälen, klein schneiden und mit Öl in einer Pfanne goldgelb anbraten. Die Kräuter waschen, klein hacken und zu den Zwiebeln geben. 2 Minuten bei mittlerer Hitze anbraten.
- Die gelben Schälerbsen mit 100 ml Wasser gar kochen.
- Rosinen verlesen, waschen, abtropfen lassen und zusammen mit den Schälerbsen und der Kräutermischung zum Reis geben. Zucker im Weinessig auflösen und mit der Reismischung vermengen. Mit Salz und Pfeffer abschmecken.

- Den Boden eines Topfes mit 2 EL Öl einfetten und mit einigen dicken Weinblättern auslegen. Die restlichen Weinblätter mit der Äderung nach oben auf ein Küchenbrett legen. Jeweils einen Esslöffel der Reismischung in die Mitte einer Blattbasis legen. Erst das untere Ende des Blattes darüberfalten, dann die anderen Blattseiten zur Mitte falten, bis die Füllung völlig eingewickelt ist.
- Die gefüllten Weinblätter mit den gefalteten Blattkanten nach unten möglichst lückenlos nebeneinander in den Topf legen. 250 ml Wasser vorsichtig von einer Seite des Topfes zugießen. Einen flachen Teller, der etwas kleiner als der Topfdurchmesser ist, auf die gefüllten Weinblätter legen. Den Deckel auf den Topf legen, zugedeckt das Wasser bei mittlerer Hitze zum Kochen bringen und dann die gefüllten Weinblätter bei schwacher Hitze 2 Stunden garen.
- Vom Herd nehmen, den Deckel abnehmen und die gefüllten Weinblätter mindestens 20 Minuten abkühlen lassen. Auf einem flachen Teller anrichten.

Tipp Die *Dolme* nicht zu fest einwickeln. Da der Reis erst halb gekocht ist, platzen zu fest eingewickelte *Dolme* beim Kochen, weil der Reis weiterhin quillt. Eingelegte Weinblätter muss man etwas länger kochen als frische Blätter.

Gefüllte Weißkohlblätter

دلمه کلم

Dolme e Kalam

Für sechs Personen

1 großer plattrunder Weißkohl
Salz
3 mittelgroße Zwiebeln
Rapsöl, Sonnenblumenöl oder ein geschmacksneutrales gutes Öl
200 g frischer Estragon
200 g frische glatte Petersilie
100 g frischer Dill
200 g frischer Koriander
½ TL Kurkumapulver
½ TL Reisgewürz (siehe Seite 43)
2 EL Tomatenmark
200 g Basmatireis
75 g gelbe Schälerbsen
100 g grob gehackte Walnüsse
3 EL frisch gepresster Zitronensaft
2 EL Zucker
50 g Butter

- Mit einem spitzen Messer die Kohlblätter vom Strunk ablösen. Die Blätter in einem großen Topf mit Wasser und etwas Salz blanchieren. Mit kaltem Wasser abschrecken und in einem Sieb abtropfen lassen, dann trockentupfen.
- Die Zwiebeln schälen, in feine Scheiben schneiden und in Öl glasig anbraten. Die Kräuter putzen, waschen und fein hacken, zu den Zwiebeln geben und kurz anbraten. Kurkuma, Reisgewürz und 1 EL Tomatenmark dazugeben und gut mischen.
- Reis waschen, dann mit 200 ml Wasser und ½ TL Salz bissfest kochen. Schälerbsen mit 200 ml Wasser und einer Messerspitze Salz in einem kleinen Topf gar kochen, ohne den Deckel auf den Topf zu legen, dann in ein Sieb abgießen.
- In einer großen Schüssel Reis, Erbsen, Walnüsse, die Kräutermischung, Zitronensaft und Zucker mischen.
- Die Kohlblätter auf ein Küchenbrett legen, jeweils zwei Esslöffel der Reismischung in die Mitte eines Blattes setzen. Die Blattränder so darüberschlagen, dass die Füllung vollkommen eingeschlossen ist.

- In einem Topf 2 EL Öl kurz erhitzen und mit einer Schicht Kohlblätter auslegen. Die einzelnen gefüllten Kohlblätter nebeneinander mit den umgeschlagenen Rändern nach unten möglichst lückenlos in den Topf setzen. Auf diese Weise den Topf schichtweise füllen.
- Butter in einem kleinen Topf zerlassen. 1 EL Tomatenmark und 300 ml Wasser mit der Butter mischen und über die gefüllten Kohlblätter gießen. Bei mittlerer Hitze zum Kochen bringen und anschließend 2 Stunden bei schwacher Hitze zugedeckt gar kochen. Vom Herd nehmen und 15 Minuten abkühlen lassen. Die gefüllten Kohlblätter in einer großen Schüssel anrichten.

Tipp Plattrunder Weißkohl ist die ideale Kohlsorte für dieses Gericht: Die Blätter sind nicht ganz fest, kompakt und lassen sich einfach voneinander trennen.

Reisknödel mit Dicken Bohnen und Dill

کوفته شوید باقالی

Koufteh Schewid Bagali

Für vier Personen

300 g Basmatireis
Salz
½ TL Reisgewürz (siehe Seite 43)
500 g frische Samen von Dicken Bohnen
200 g frischer Dill oder 3 EL getrocknete Dillspitzen
3 große Zwiebeln
Rapsöl, Sonnenblumenöl oder ein geschmacksneutrales gutes Öl
½ TL Kurkumapulver
2 Eier
2 EL Semmelbrösel
8 frische Datteln oder 8 getrocknete Pflaumen
50 g Butter

- Reis waschen, mit 300 ml Wasser, einer Messerspitze Salz und Reisgewürz bei mittlerer Hitze bissfest kochen.
- Die Samen der Dicken Bohnen enthäuten: Dazu die Haut des Bohnensamens an der inneren Naht der Länge nach aufschlitzen, die beiden gegenüberliegenden Enden der Bohne gegeneinanderdrücken und das Innere herausdrücken. Bohnenkerne mit 300 ml Wasser bissfest kochen und absieben.
- Dill putzen, waschen, abtropfen lassen, fein hacken und unter die Bohnen mischen. Zwiebeln schälen, in kleine Streifen schneiden und im Öl goldgelb anbraten, Kurkuma dazugeben und gut umrühren.
- Eier in einer großen Schüssel verquirlen und mit Salz abschmecken. Reis, Bohnen, Semmelbrösel und 1 EL der gerösteten Zwiebeln zu den verquirlten Eiern geben und alles sorgfältig mit der Hand zu einer klebrigen Masse kneten.

- Die Datteln entsteinen. Die Reis-Bohnen-Masse in vier gleich große Portionen teilen. Jede Reisportion etwas flach drücken, jeweils zwei Datteln oder zwei Pflaumen und ½ TL geröstete Zwiebeln in die Mitte setzen. Dann mit nassen Händen und kreisender Bewegung zu einem Ball formen.
- In einem großen Topf 200 ml Wasser und 1 EL geröstete Zwiebeln zum Kochen bringen. Die Hitze reduzieren und die Reisknödel mit einem Abstand von mindestens fünf Zentimetern nebeneinander in das siedende Wasser setzen. Den Topfdeckel mit einem Tuch umwickeln und den eingewickelten Deckel auf den Topf legen. Bei schwacher Hitze eine Stunde zugedeckt garen.
- Den Topf vom Herd nehmen, 10 Minuten abkühlen lassen und die Knödel auf einem großen Teller anrichten. Butter in einem kleinen Topf zerlassen und die Knödel damit übergießen.

Tipp

Falls man keine frischen Bohnen findet, kann man gefrorene Bohnenkerne verwenden. In diesem Fall reichen 200 g, weil die Kerne schon von den grünen Samenhäuten befreit sind.

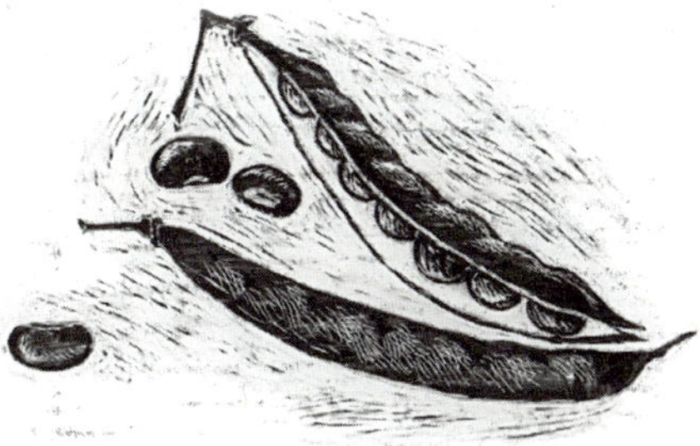

Beilagen

Ein gut komponiertes Menü kitzelt nicht nur den Gaumen, sondern wird auch den Bedürfnissen des Körpers nach Vitaminen, Mineralien und Ballaststoffen gerecht. Sorgfältig ausgewählte Beilagen sorgen für die richtige Balance. Da etwa geschälter weißer Reis kaum noch B-Vitamine enthält, werden Reisgerichte oft mit rohen Zwiebeln, die sehr viele B-Vitamine enthalten, und Joghurt serviert. Schon bevor man über ihren Nährstoffgehalt Bescheid wusste, hat man Gerichte auf diese Weise kombiniert, indem man sich von der Erfahrung leiten ließ. Und natürlich lassen sich mit geeigneten Beilagen auch kalte und warme Nahrungseigenschaften der anderen Menübestandteile ausgleichen. Zu einem reichlich Ei enthaltenden Omelett, dem nach der persischen Kochphilosophie warme und trockene Eigenschaften zugeschrieben werden, isst man beispielsweise Tomaten-Gurken-Salat mit Zitronendressing – diese Beilage gilt als kalt und feucht.

Beilagen wie gesalzener Joghurt mit Gurke, Spinat oder Minze *(Borani)* lassen sich auf einfache Weise frisch herstellen. Von anderen Beilagen, etwa in Salzwasser oder Essig eingelegtes Obst, Gemüse und eingelegte Kräuter, stellt man am besten einen kleinen Vorrat her.

Ist der Esstisch bereits mit Tellern voll Reis und großen Schüsseln mit duftenden Saucengerichten bedeckt, dürfen die in kleine Schälchen gefüllten bunten Beilagen die Lücken füllen, bis kein Stück mehr von der Tischdecke zu sehen ist.

Bild links oben: Teheran, Tadschrisch-Bazar, Eingelegtes
unten: Kerman, Granatapfel

Spinat mit Joghurt

بورانی اسفناج

Borani Esfanadsch

Für vier Personen

1 große Zwiebel
Rapsöl, Sonnenblumenöl oder ein geschmacksneutrales gutes Öl
500 g junger Blattspinat
2 Knoblauchzehen (optional)
250 g Joghurt (10 % Fett)
Salz
frisch gemahlener Pfeffer
1 Messerspitze frisch gemörserter Safran (siehe Seite 21)

- Die Zwiebel schälen, klein schneiden und mit Öl in einer Pfanne goldgelb anbraten.
- Den Blattspinat verlesen, dicke Stiele entfernen, Blätter waschen und abtropfen lassen. Anschließend grob schneiden, in einer Pfanne bei mittlerer Hitze leicht dünsten, dann unter scharfer Hitze und ständigem Rühren das Wasser verdunsten lassen. Den gedünsteten Spinat in eine große Schüssel geben und 20 Minuten abkühlen lassen.
- Die Knoblauchzehen schälen, zerdrücken und mit den gebratenen Zwiebeln und dem Joghurt unter den gegarten Spinat rühren. Mit Salz und Pfeffer abschmecken.
- Die Vorspeise in einem tiefen Teller anrichten. Mit Safran verzieren und mit Fladenbrot servieren.

Tipp Am besten schmeckt *Borani Esfanadsch*, wenn man es mindestens eine Stunde im Kühlschrank ziehen lässt. Für dieses Gericht kann auch Joghurt mit einem Fettgehalt von 3,5 % verwendet werden.

Gurkenjoghurt

ماست و خیار

Mast wa Chiar

Für sechs Personen

1 Salatgurke (etwa 500 g)
75 g Rosinen
75 g grob gehackte Walnüsse
1 TL getrocknete Minze
500 g Joghurt (3,5 % Fett)
Salz
frisch gemahlener Pfeffer
getrocknete Minze zum Verzieren

- Gurke schälen, raspeln und in einem Sieb abtropfen lassen, dann in eine Schüssel geben.
- Rosinen verlesen, waschen und abtropfen lassen. Zusammen mit Walnüssen, Minze und Joghurt unter die geraspelte Gurke mischen. Mit Salz und Pfeffer abschmecken und im Kühlschrank eine Stunde ziehen lassen.

Da persische Gurken im Gegensatz zu vielen europäischen klein, aromatisch und knackig sind und eine sehr dünne Schale haben, findet man sie in Persien nicht nur im Salat und in Beilagen, sondern auch in Obstschalen.

Bunte Joghurtbeilage

برانی سه رنگ

Borani Se Rang

Für vier Personen

2 mittelgroße Rote Beten
2 Stangen junger hellgrüner Bleichsellerie
2 junge Möhren
500 g Joghurt (3,5 % Fett)
Salz
1 EL getrocknete Minze

- Rote Beten waschen, Blätter entfernen, die Wurzeln ebenfalls abschneiden. In einem Topf bei schwacher Hitze gar kochen, etwas abkühlen lassen und in kleine Würfel schneiden. Den Bleichsellerie in ganz dünne Scheiben schneiden. Die Möhren schälen und fein raspeln.
- Rote Beten, Bleichsellerie und Möhren getrennt mit jeweils etwa einem Drittel des Joghurts mischen, mit Salz abschmecken und in drei Schalen anrichten. Mit getrockneter Minze verzieren.

Dugh – Joghurt als Erfrischungsgetränk

Wenn die Hitze im Sommer unerträglich ist und der Schweiß aus allen Poren dringt, gibt es kaum einen besseren Durstlöscher als Dugh. Diesen sauer-salzigen Trinkjoghurt kann man im Sommer gut gekühlt in jedem Laden oder bei fliegenden Händlern auf der Straße kaufen. Mit ein paar Handgriffen lässt sich Dugh auch selbst herstellen. Dazu nötig sind nur gewöhnlicher Naturjoghurt, eiskaltes Wasser und Salz: Am besten drei Teile Joghurt mit einem Teil Wasser in einem Mixer gut verquirlen, nach Belieben salzen und in ein großes Glas füllen. Ist der Durst besonders groß, den Dugh einfach stärker mit Wasser verdünnen. Noch erfrischender wird das Getränk mit einer Prise getrockneter und pulverisierter Minze. Etwas orientalischer schmeckt Dugh dagegen mit einer Messerspitze getrockneter zerriebener Rosenblätter.

Ein ähnlich zubereitetes Joghurtgetränk ist hierzulande unter dem türkischen Namen Ayran bekannt.

Joghurt mit wildem Knoblauch

ماست و موسیر

Mast wa Mousir

Für vier Personen

50 g getrockneter wilder Knoblauch (Mousir)
200 g Joghurt (10 % Fett)
Salz
1 TL getrocknete Minze

- Den wilden Knoblauch 4 Stunden in kaltem Wasser einweichen. Das Wasser abgießen, den Knoblauch abtupfen und klein schneiden oder durch die Knoblauchpresse drücken.
- Den zerkleinerten Knoblauch mit Joghurt mischen und mit Salz abschmecken.
- Vor dem Servieren einen Tag im Kühlschrank ziehen lassen. Die Mischung in einer Schüssel anrichten und mit getrockneter Minze garnieren.

Tipp

Wilden Knoblauch findet man in Scheiben geschnitten und getrocknet im persischen Laden (siehe Seite 19). Für dieses Gericht kann auch Joghurt mit einem Fettgehalt von 3,5 % verwendet werden. Joghurt mit einem Fettgehalt von 10 % ist in gut sortierten Lebensmittelgeschäften erhältlich.

Gurken-Tomaten-Salat

سالاد شیرازی

Salad e Schirasi

Für sechs Personen

1 Gurke (etwa 500 g)
3 mittelgroße Fleischtomaten
1 mittelgroße Zwiebel
3 Limetten
3 EL Olivenöl
1 TL getrocknete Minze
Salz
frisch gemahlener Pfeffer

- Die Gurke schälen, in einen Zentimeter große Würfel schneiden. Die Tomaten häuten, die Zwiebel schälen und beides in kleine Würfel schneiden. Gurken, Zwiebel und Tomaten in eine Schüssel geben.
- Limetten auspressen. Den Saft mit Olivenöl, Minze, Salz und Pfeffer mischen und unter das Gemüse geben. 15 Minuten ziehen lassen.

Gewürzmischung für eingelegtes Gemüse

ادویه ترشی ها

Advieh e Torschi

3 EL gemahlene Koriandersamen
3 EL gemahlene Angelikasamen (siehe Seite 20)
3 EL Ingwerpulver
2 EL Zimtpulver
2 EL gemahlener Schwarzer Kreuzkümmel (siehe Seite 22)
1 EL Kardamompulver
1 TL frisch gemahlener schwarzer Pfeffer
1 TL gemahlener Sternanis
1 TL Kurkumapulver

- Alle Zutaten mischen. In ein Glas oder eine Gewürzdose mit Schraubdeckel geben und an einem dunklen, trockenen Ort lagern.

Torschi – saures Obst und Gemüse für den Winter

Wenn es Winter ist und man im Gemüseladen vergeblich nach sonnengereiften Tomaten, Gurken und frischen Kräutern sucht, ist die Freude groß, wenn man zu Hause noch ein Glas mit eingelegtem Gemüse findet. Bestreut mit fabelhafter Gewürzmischung und mit Essig mariniert, ruht das Gemüse im Einmachglas. Für solch freudige Entdeckungen treffen die Perser schon im Herbst Vorsorge. Sobald die Sommerhitze vorbei ist, kaufen sie auf den großen Gemüsemärkten jede Menge Auberginen, Blumenkohl, Möhren und Knoblauch, gehen dabei von einem Stand zum anderen auf der Suche nach dem würzigsten Estragon und der aromatischsten Minze. Zu Hause wird alles sorgfältig gewaschen, klein geschnitten und mit Gewürz, Salz und Essig gemischt. Schließlich kommt die Mischung in Tontöpfe, traditionell beschichtet mit einer türkisblauen Glasur, und darf an einem trockenen, kalten Ort ein paar Wochen ruhen. Wer keine Zeit für diese Aktion hat, lässt sich eben von der Oma ein Gläschen schenken.

Eingelegte Kräuter-Obst-Mischung

ترشی میوه

Torschi e Miweh

Ergibt etwa drei Liter

125 g Auberginen
50 g frischer Estragon
50 g frische glatte Petersilie
50 g frischer Koriander
50 g frisches Basilikum
1,5 l Apfelessig (5 % Essigsäure)
125 g Möhren
250 g Äpfel
125 g Birnen
125 g Nektarinen
125 g Pfirsiche
125 g Blumenkohl
3 Knoblauchzehen
1 TL Kurkumapulver
1 EL Torschi-Gewürz (siehe Seite 141)
1 EL Salz

- Die Auberginen in den vorgeheizten Backofen auf den Grillrost legen und bei 175 °C (Umluft) 45 Minuten backen. Abkühlen lassen, schälen und klein hacken.
- Kräuter putzen, waschen, abtropfen und auf einem Küchentuch trocknen lassen, dann sehr fein hacken und sofort in einer Schüssel mit etwas Essig mischen.
- Die Möhren schälen und grob raspeln. Äpfel und Birnen entkernen und mit der Schale grob reiben. Nektarinen und Pfirsiche entsteinen und klein schneiden. Den Blumenkohl in kleine Röschen teilen.
- Das geriebene und klein geschnittene Obst mit den Kräutern und dem Gemüse in einer großen Schüssel mischen. Knoblauch schälen, klein hacken und mit Kurkuma, Torschi-Gewürz und Salz dazugeben. Mit einem Teil vom Essig vermengen. In Einmachgläser füllen und jeweils Essig zugeben, bis die Mischung bedeckt ist. Zugedeckt in einem trockenen, kühlen Ort etwa 4 Wochen ziehen lassen.
- Die Kräuter-Obst-Mischung passt gut zu Reisgerichten und Omelette.

Eingelegter Pfirsich mit Kaki

ترشی هلو و خرمالو

Torschi e Holou-Chormalou

Ergibt etwa einen halben Liter

2 Pfirsiche
2 reife Kakis
75–100 ml Apfelessig (5 % Essigsäure)
1 Messerspitze scharfes Chilipulver
1 TL Torschi-Gewürz (siehe Seite 141)

- Pfirsiche halbieren, entsteinen und die Haut abziehen. Von den reifen süßen Kakis die Fruchtansätze entfernen, die Haut abziehen. Das Obst mit Essig in einem Topf 10 Minuten bei mittlerer Hitze kochen. Chili und Torschi-Gewürz untermischen. Dann abkühlen lassen und sehr fein pürieren.
- Die Obstmischung in ein sauberes Glas füllen und dicht verschließen. An einem kühlen, trockenen Ort 2 Wochen ziehen lassen.

Tipp Die Obstmischung passt gut zu allen Reisgerichten.

Eingelegte Auberginen-Kräuter-Mischung

ترشی لیته

Torschi e Liteh

Ergibt etwa zwei Liter

500 g Auberginen
50 g frische Minze
50 g frischer Estragon
50 g frisches Basilikum
50 g frischer Koriander
3 Knoblauchzehen
1 EL Torschi-Gewürz (siehe Seite 141)
½ TL Samen vom Schwarzen Kreuzkümmel (siehe Seite 22)
½ TL Koriandersamen
Salz
1 l Apfelessig (5 % Essigsäure)

- Auberginen auf einen Grillrost legen und im vorgeheizten Backofen bei 175 °C (Umluft) 45 Minuten backen. Abkühlen lassen, schälen und fein hacken.
- Kräuter putzen, waschen, abtropfen lassen und auf einem Küchentuch trocknen lassen, anschließend fein hacken. Knoblauchzehen schälen und fein hacken.
- Auberginen, Kräuter und Knoblauch in eine Schüssel geben, mit Gewürzen und Salz gut mischen. Mit Essig zu einer dickflüssigen Masse vermengen.
- Die Mischung in saubere Einmachgläser füllen und dicht verschließen. An einem kühlen, trockenen Ort 2 bis 3 Wochen ziehen lassen.

Tipp Diese Beilage passt ausgezeichnet zu allen Gemüsegerichten.

Eingelegte Auberginen

ترشی بادنجان

Badendschan Torschi

Ergibt etwa eineinhalb Liter

5 schmale längliche Auberginen
750 ml Apfelessig (5 % Essigsäure)
5 Knoblauchzehen
1 TL Salz
1 EL getrocknete Minze
1 TL Kurkumapulver
1 TL gemahlene Angelikasamen (siehe Seite 20)

- Die Stielansätze der Auberginen entfernen. Die Auberginen auf einem Brett der Länge nach vorsichtig von vorne bis hinten aufschlitzen, sodass sich eine taschenähnliche Öffnung zum Füllen ergibt.
- Die Auberginen mit 2 Liter Wasser und 250 ml Essig gar kochen.
- Die Knoblauchzehen schälen und in dünne Scheiben schneiden.
- Salz, Minze, Kurkuma und gemahlene Angelikasamen mischen. Die abgekühlten Auberginen mit der Gewürzmischung und den Knoblauchscheiben füllen.
- Die gefüllten Auberginen in saubere Einmachgläser geben und vorsichtig Essig zugießen, bis die Auberginen mit Essig bedeckt sind. Die Gläser verschließen und die Auberginen mindestens 2 Wochen an einem kühlen, trockenen Ort ziehen lassen.

Tipp Schmale längliche Auberginen eignen sich am besten für diese Zubereitung. Solche Sorten sind in den meisten türkischen Läden erhältlich. Eingelegte Auberginen passen sehr gut zu allen Reisgerichten und Omelette.

Eingelegte Zwiebeln

ترشی پیاز

Pias Torschi

Ergibt etwa einen Liter

500 g Perlzwiebeln
1 EL Salz
2 EL getrocknete Minze
450 ml Apfelessig (5 % Essigsäure)

- Die Perlzwiebeln schälen und jeweils die Oberfläche kreuzförmig einschneiden. In ein sauberes Glas mit großer Öffnung und Schraubdeckel schichtweise die Zwiebeln, das Salz und die Minze geben. Dann mit Essig begießen. Der Essig sollte etwa einen Fingerbreit über den Zwiebeln stehen.
- Zugedeckt an einem kühlen, trockenen Ort mindestens 2 Wochen ziehen lassen.

Eingelegter wilder Knoblauch

ترشی موسیر

Mousir Torschi

Ergibt etwa einen halben Liter

200 g getrockneter wilder Knoblauch (Mousir, siehe Seite 19)
1 EL Salz
1 EL getrocknete Minze
300 ml Apfelessig (5 % Essigsäure)

- Den getrockneten Knoblauch 4 Stunden in kaltem Wasser einweichen. Das Wasser abgießen, den Knoblauch abspülen und abtupfen.
- Den wilden Knoblauch in ein sauberes Einmachglas mit Schraubdeckel geben und mit Salz und Minze bestreuen. Das Glas mit Essig füllen und dicht verschließen. Der Knoblauch soll vom Essig bedeckt sein. An einem kühlen, trockenen Ort mindestens 2 Wochen ziehen lassen.

In Persien wird auch normaler Knoblauch eingelegt – er muss allerdings länger ziehen. Dazu werden frische Knoblauchzehen mitsamt der Haut in Essig eingelegt und ein Jahr gelagert. Je länger die Knoblauchzehen ziehen, desto weicher und süßer wird das Knoblauchfleisch. In manch einem Haushalt findet man sieben Jahre lang eingelegten Knoblauch – eine kostbare Delikatesse.

Eingelegte Sauerkirschen

ترشی آلبالو

Albalou Torschi

Ergibt etwa eineinhalb Liter

1 kg Sauerkirschen
2 EL Salz
500 ml Apfelessig (5 % Essigsäure)

- Die Stiele der Sauerkirschen entfernen. Die Kirschen nicht entsteinen.
- Kirschen in ein großes sauberes Glas mit Schraubdeckel füllen, mit Salz bestreuen und mit Essig begießen. Die Kirschen sollen vom Essig bedeckt sein.
- Das Glas verschließen und die Kirschen an einem trockenen, kühlen Ort mindestens eine Woche ziehen lassen.

Tipp Eingelegte Kirschen passen sehr gut zu allen Reisgerichten.

Oliven in Walnuss-Granatapfel-Sauce

زیتون پرورده

Seitoun e Parwardeh

Für sechs bis acht Personen

200 g grüne entsteinte Oliven
1 Knoblauchzehe
100 g Walnüsse
½ TL gemahlene Angelikasamen (siehe Seite 20)
1 TL getrocknete Minze
Salz
1 EL Granatapfelkonzentrat
5 EL Granatapfelsaft

- Die Oliven vierteln. Knoblauch schälen und zusammen mit den Walnüssen mit einer Küchenmaschine fein zerkleinern.
- In einer großen Schüssel Oliven und Walnuss-Knoblauch-Paste gut mischen. Mit Angelikasamen, Minze, Salz nach Geschmack und Granatapfelkonzentrat vermengen. Nach und nach Granatapfelsaft dazugeben und gut vermischen. In einem sauberen Glas mit Schraubdeckel hält sich die Mischung im Kühlschrank eine Woche.

Tipp Marinierte Oliven passen gut zu allen Omelettgerichten.

Tipp Wissen Sie, wie man durch die ledrige Haut eines Granatapfels zu den rubinroten Kernen kommt? Dafür darf man den Granatapfel nie durchschneiden, weil man dabei viele Kerne zerstört und kostbaren Saft verliert. Am besten schneidet man die Haut kreuzweise zwei Millimeter tief ein und schneidet den Blütenansatz komplett ab. Dann mit einem Kegelschnitt den weißen Nabel, der unter dem Blütenansatz ist, zwei Zentimeter tief herausschneiden. Jetzt mit beiden Daumen in das Nabelloch fassen, nach außen ziehen und den Granatapfel vierteln. Bei jedem Viertel die Enden gegeneinander nach innen drücken. Nun lassen sich die Kerne leicht herauslösen. Die bitteren Häutchen aussortieren. Die exotischen roten Kerne eignen sich sehr gut zum Verzieren, beispielsweise zum Verzieren der marinierten Oliven.

Desserts

Nicht immer muss die Mahlzeit mit einer gewaltigen Portion zusätzlicher Kalorien enden – meist genügt den Persern Obst zum Dessert. Je nach Saison kommen frische Zuckermelonen, Trauben oder Datteln auf den Tisch. Am Wochenende, an Festtagen oder wenn Besuch kommt, darf die Nachspeise natürlich etwas reichhaltiger sein. Dann wird schon mal Reispudding oder Dattelkonfekt zum Obst serviert.

Manchmal gibt es auch eine exotische Marmelade oder Konfitüre, etwa aus nicht ganz ausgereiften Walnüssen. Und nur zu ganz besonderen Anlässen, etwa zur Wintersonnenwende, wird Safraneis gemacht. Wer jemals von dieser süßen Sünde probiert hat, weiß weshalb: Es besteht höchste Suchtgefahr. Immerhin lässt sich damit die längste Nacht des Jahres ohne Depressionen überstehen. Natürlich darf man sich auch an heißen Sommertagen eine solch exquisite Erfrischung hin und wieder gönnen.

Traditionell werden Desserts wie auch Vorspeisen und Hauptspeisen selten portionsweise serviert. Wichtig ist es, immer mehr als genug zu kochen, weil das Essen auf gar keinen Fall ausgehen darf!

Bild links oben: Kerman, Pistazienbaum
unten: Kashan, Rosenblüten

Eis im Paradies

یخ در بهشت

Für sechs bis acht Personen

Jach dar Behescht

200 g Weizenstärke
75 g Reismehl
750 ml Milch
500 g Zucker
1 TL Kardamompulver
2 EL sehr fein gemahlene Pistazien oder Pistazienpulver

- Die Speisestärke in einen Topf geben und langsam 750 ml Wasser dazugießen. Dabei rühren, damit sich keine Klümpchen bilden. Das Reismehl in der Milch lösen und zur Stärke geben. Die Mischung bei niedriger Hitze zum Kochen bringen, dabei gut rühren.
- Wenn die Masse dickflüssig wird, Zucker und Kardamompulver dazugeben. Weiterhin kochen und rühren, bis die Masse puddingfest wird und beim Rühren Löffelspuren sichtbar bleiben.
- Den Pudding maximal drei Zentimeter hoch in eine Form geben und mindestens einen Tag in den Kühlschrank stellen. Kurz vor dem Servieren in viele Rechtecke schneiden. Mit Pistazienpulver bestreuen.

Tipp Der Reismehlpudding ist ein herrliches fettarmes Dessert und schmeckt besonders gut im Sommer.

Würziges Dattel-Walnuss-Konfekt

زنگینک

Ranginak

Für sechs bis acht Personen

250 g frische schwarze Datteln (siehe Tipp)
100 g Walnusshälften
200 g Weizenmehl
150 g Butter oder Margarine
½ TL Zimtpulver
¼ TL Kardamompulver
¼ TL Ingwerpulver
¼ TL frisch gemörserter Safran (siehe Seite 21)
¼ TL gemahlener Schwarzer Kreuzkümmel (siehe Seite 22)
2 EL sehr fein gemahlene Pistazien oder Pistazienpulver
50 g Puderzucker

- Die Datteln entsteinen. In jede Dattel eine Walnusshälfte setzen. Die gefüllten Datteln nebeneinander in einer Form anrichten.
- Mehl in einer Pfanne ohne Fett 5 Minuten bei mittlerer Hitze rösten. Butter oder Margarine in einem Topf zerlassen, das Mehl dazugeben und bei mittlerer Hitze goldbraun anbraten. Vom Herd nehmen und die Gewürze untermischen. Über die gefüllten Datteln gießen und glatt streichen.
- Das Konfekt mit gemahlenen Pistazien und Puderzucker bestreuen. Dann abkühlen lassen. In kleine viereckige Stücke schneiden.

Tipp Bei schwarzen Datteln handelt es sich um eine persische Dattelsorte, die in persischen und türkischen Läden und oft auf Wochenmärkten erhältlich ist. Ersatzweise können weiche frische Datteln einer anderen Sorte verwendet werden.

Safraneis

بستنی سنتی

Bastani Sonnati

Für sechs bis acht Personen

500 ml Milch
5 gestrichene TL Pfeilwurzmehl
2 EL Rosenwasser
200 g Zucker
½ TL frisch gemörserter Safran (siehe Seite 21)
150 ml Sahne
2 EL fein gehackte Pistazien

- Milch in einen Topf geben und bei mittlerer Hitze zum Kochen bringen. Das Pfeilwurzmehl im Rosenwasser lösen. Zucker und Safran zur Milch in den Topf geben und bei schwacher Hitze kochen lassen. Dabei ständig umrühren, bis sich der Zucker auflöst. Vom Herd nehmen und das angerührte Pfeilwurzmehl langsam dazugeben. Umrühren, bis die Zuckermilch eindickt, dann abkühlen lassen.
- Die Masse in einen Behälter füllen und zugedeckt im Tiefkühlfach eine Stunde kühl stellen. Dann herausnehmen, gründlich durchrühren und wieder ins Tiefkühlfach stellen. Diesen Vorgang mindestens viermal wiederholen.
- In der Zwischenzeit die Sahne etwa fünf Millimeter hoch in einen flachen Behälter gießen und im Tiefkühlfach einfrieren lassen. Anschließend herausnehmen, zerkleinern, mit dem Safraneis vermischen und die Mischung noch eine Stunde erstarren lassen. Vor dem Servieren mit Pistazien verzieren.

Tipp Zweifellos ein Dessert-Highlight. Wer Safran mag, wird Safraneis lieben!

Tipp Statt Pfeilwurz wird in Persien traditionell Salep – die Wurzel einer Orchideenart – als Verdickungsmittel verwendet. Gelegentlich findet man Salep in türkischen Läden, Pfeilwurzmehl gibt es in den meisten Reformhäusern, Bioläden und Apotheken.

Yalda – Eisgenuss zur Wintersonnenwende

Safraneis mitten im Winter – dann ist wohl Yalda-Nacht, die längste Nacht des Jahres. In dieser Nacht sehnt man sich nach heißen Sommertagen, deshalb feiert man die Wintersonnenwende schon mal mit einer Portion Eis. Und was könnte die wiederkehrende Sonne besser symbolisieren als ein paar Kugeln goldgelbes Safraneis?

Yalda ist ein uraltes persisches Fest, bei dem die ganze Familie zusammenkommt. Der Tisch ist dann reichlich mit Granatäpfeln, Orangen, Trauben und Wassermelonen gedeckt. Die Melonen werden schon im Herbst extra für dieses Fest zurückgelegt. Manche glauben, dass einem die winterliche Kälte nichts wird anhaben können, wenn man an diesem Abend Wassermelone isst. Andere glauben, dass man dann im Sommer weniger Durst haben wird. Die rote und orange Farbe der Früchte erinnert an den Sonnenaufgang – man freut sich, dass die Tage von nun an wieder länger werden.

Bis Mitternacht werden Geschichten erzählt und Gedichte von Hafez, dem berühmtesten persischen Dichter, als Orakel verwendet: Jemand wünscht sich insgeheim etwas und schlägt dann eine Seite in »Hafez Diwan«, dem bekanntesten Werk des Dichters, auf. Das Gedicht wird laut vorgelesen. Der Wünschende kann an den Worten des Dichters erkennen, ob und wie sich der Wunsch erfüllen wird. Dazu knabbert man Nuss-Frucht-Mischungen aus Pistazien, Mandeln, Haselnüssen, getrockneten Aprikosen und Feigen, Rosinen und Walnussröllchen (*Basslog,* Seite 179).

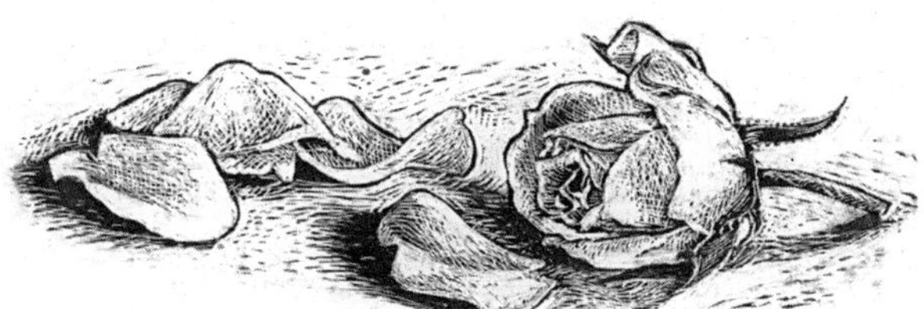

Safranmus

حلوای آرد گندم

Für vier Personen

Halwa

150 g Zucker
5 EL Rapsöl, Sonnenblumenöl oder ein geschmacksneutrales gutes Öl
100 g Weizenvollkornmehl
½ TL frisch gemörserter Safran (siehe Seite 21)
½ TL Kardamompulver
1 TL grob gehackte Pistazien
1 TL Mandelstifte

- 200 ml Wasser mit dem Zucker zum Kochen bringen, bis sich der Zucker auflöst. Bei schwacher Hitze warm halten.
- Öl in einem Topf erhitzen, Mehl hinzufügen und bei mittlerer Hitze und unter ständigem Rühren goldbraun anschwitzen. Vom Herd nehmen, Safran und Kardamom unterrühren und eine Minute abkühlen lassen.
- Das Zuckerwasser vorsichtig zum angeschwitzten Mehl geben, vermischen und bei mittlerer Hitze ständig rühren, bis die Masse klümpchenfrei ist. Die Masse tüchtig weiterrühren, bis sich ein Kloß bildet und sich die Masse vom Topfboden löst. Vom Herd nehmen, in einem tiefen Teller anrichten und mit Pistazien und Mandelstiften garnieren.

Dattelmus

حلوای خرما

Halwa e Chorma

Für vier Personen

250 g frische schwarze Datteln (siehe Tipp Seite 153)
½ TL frisch gemörserter Safran (siehe Seite 21)
½ TL Kardamompulver
5 EL Rapsöl, Sonnenblumenöl oder ein geschmacksneutrales gutes Öl
100 g Weizenvollkornmehl
1 EL Pistazienstifte
1 EL Mandelstifte

- Die Datteln entsteinen, die Haut möglichst entfernen. Datteln dann mit einer Gabel in einer Schüssel zerdrücken.
- 150 ml Wasser in einem Topf zum Kochen bringen, Safran und Kardamompulver hinzufügen.
- Öl in einem Topf erhitzen, das Mehl dazugeben und unter ständigem Rühren bei mittlerer Hitze goldbraun anschwitzen. Vom Herd nehmen und vorsichtig das kochende Wasser mit den Gewürzen zugießen. Bei schwacher Hitze so lange rühren, bis die Mischung klumpenfrei ist.
- Die zerdrückten Datteln untermischen, weiter zu einem einheitlichen Brei rühren und kneten. Vom Herd nehmen und in einem tiefen Teller anrichten. Die Oberfläche mit der Unterseite eines Löffels flach drücken und mit Pistazien und Mandelstiften verzieren.

Tipp *Halwa e Chorma* ist ein ideales Dessert ohne weißen Zucker, das sehr gut zu allen Suppengerichten passt.

Dattel-Walnuss-Pralinen

خرما قلقلی

Chorma Gelgeli

Für sechs bis acht Personen

500 g frische schwarze Datteln (siehe Tipp Seite 153)
75 g Butter
100 g fein gemahlene Walnüsse
1 TL Kardamompulver
3 EL Kokosraspel
3 EL Sesam
3 EL sehr fein gemahlene Pistazien oder Pistazienpulver

- Die Datteln entsteinen und möglichst die Haut entfernen. Die Butter in einer Pfanne zerlassen und die Datteln mit einer Gabel in der Butter zerdrücken. Bei mittlerer Hitze 3 Minuten anbraten.
- Die angebratenen Datteln vom Herd nehmen. Walnüsse und Kardamom hinzufügen und gut vermischen, dann etwas abkühlen lassen.
- Die Masse auf dem Handteller zu haselnussgroßen Kugeln formen. Jeweils einen Teil der Kugeln in Kokosraspeln, Sesam und Pistazienpulver wälzen.

Safran-Mandel-Reispudding

شله زرد

Schole sard

Für sechs Personen

200 g Reis (siehe Tipp)
150 g Butter
½ TL frisch gemörserter Safran (siehe Seite 21)
300 g Zucker
50 g Mandelstifte
50 ml Rosenwasser
1 EL Pistazienstifte
1 TL Zimtpulver

- Den Reis waschen, mit einem Liter Wasser und der Butter zum Kochen bringen. Bei schwacher Hitze 60 bis 90 Minuten kochen lassen, bis die Reiskörner sehr weich sind. Dabei regelmäßig umrühren. Die Kochzeit ist stark von der Reissorte abhängig.
- Safran in 2 EL warmem Wasser auflösen, zusammen mit Zucker, Mandelstiften und Rosenwasser zum Reis geben und gut umrühren.
- Den Topfdeckel mit einem Küchentuch einwickeln und den eingewickelten Deckel fest auf den Topf setzen. Die Reismischung bei schwacher Hitze 20 bis 30 Minuten dämpfen.
- Den Pudding in einen tiefen Teller geben und mit Pistazienstiften und Zimt garnieren. Vor dem Servieren 2 Stunden in den Kühlschrank stellen.

Tipp Für diesen Reispudding eignet sich am besten ein möglichst stärkereicher, weich kochender Rundkornreis. Basmatireis und anderer Langkornreis sollten nicht verwendet werden.

Konfitüre und Sirup

Aus den unzähligen Obstsorten, die im Orient wachsen, lassen sich natürlich auch vielfältige Variationen an Marmelade und Konfitüre kreieren. Konfitüren aus dem weichen, rosafarbigen Fruchtfleisch frischer Pistazien, aus frischen Berberitzen oder aus Rosenblüten sind wahre Delikatessen. Doch auch mit solchen aus Möhren, Quitten, Orangen und orientalischen Gewürzen bringt man Abwechslung aufs Frühstücksbrötchen. Gelierzucker ist für persische Konfitüre und Marmelade tabu: Große Fruchtstücke oder ganze Früchte werden in Zuckersirup sanft gedünstet. Daher ist persische Konfitüre eher sirupartig als streichfähig.

Konfiturespezialitäten aus Pistazienfruchtfleisch, Rosenblüten oder Berberitzen werden oft als Nachtisch in kleinen Schälchen serviert. Mit diesen Kostproben, von denen man nur ganz wenig nimmt, präsentieren die Gastgeber ihre ganze Kochkunst.

Bild links oben: Shiraz, Vakil-Moschee
unten: Teheran, Tadschrisch-Bazar, Gewürze

Möhrenkonfitüre

مربای هویج

Ergibt zwei Liter

Moraba e Hawidsch

1 unbehandelte Orange
1 kg Möhren
500 g Zucker
½ TL Kardamompulver
¼ TL frisch gemörserter Safran (siehe Seite 21)
50 g grob gemahlene Walnüsse

- Orange gründlich unter heißem Wasser abbürsten. Die äußere Fruchtschale (ohne die weiße Schicht) in etwa zwei Zentimeter breiten Streifen abschälen. Die Streifen längs in einen Millimeter dünne Julienne schneiden, 2 Minuten in kochendem Wasser blanchieren, dann absieben und 2 Stunden in kaltem Wasser einweichen. Nach dem Einweichen abgießen.
- Die Möhren schälen und fein raspeln. Die geraspelten Möhren zusammen mit den Orangenstreifen in einen Topf geben. Zucker und 300 ml Wasser dazugeben. Bei mittlerer Hitze zum Kochen bringen und 2 Stunden bei niedriger Hitze zugedeckt kochen lassen. Dabei gelegentlich umrühren.
- Kardamompulver und Safran dazugeben und 10 weitere Minuten kochen.
- Zum Schluss die Walnüsse unterrühren. Den Topf vom Herd nehmen. Die Konfitüre in sterilisierte Gläser füllen und dicht verschließen.

Orangenrosen

مربای پوست پرتقال به شکل رز

Moraba e Pouste Portegal

Ergibt vier Rosen

4 unbehandelte Orangen
1 kg Zucker

- Die Orangen schälen: Die Schale mit einem kleinen Sägemesser in einem Stück spiralförmig in einem maximal 15 Millimeter breiten Streifen abschälen, dabei von oben nach unten arbeiten. Das Messer ganz flach auf der Schale anlegen und vorsichtig auf und nieder bewegen, um die weiße Haut nicht mit abzuschälen.
- Die Orangenschalen jeweils zu einer Rose rollen und mit einem Zahnstocher zusammenhalten.
- 2 Liter Wasser in einem Topf zum Kochen bringen. Die Rosen 5 Minuten kochen, in ein Sieb geben und gut abtropfen lassen.
- Den Zucker und 500 ml Wasser in einen Topf geben und bei mittlerer Hitze so lange rühren, bis der Zucker gelöst ist. Bei starker Hitze aufkochen. Die Rosen dazugeben und ohne Rühren eine Stunde zugedeckt im Sirup bei schwacher Hitze kochen.
- Vom Herd nehmen, abkühlen lassen und die Zahnstocher vorsichtig aus den Orangenrosen ziehen. Rosen und Sirup in ein sterilisiertes Glas füllen und das Glas dicht verschließen.

Quittenkonfitüre

مربای به

Ergibt zwei Liter

Moraba e Beh

1 kg reife Quitten
750 g Zucker
2 EL frisch gepresster Zitronensaft

- Die Quitten waschen und trockentupfen, vierteln und die Kerngehäuse herausnehmen. Jedes Quittenviertel nochmals der Länge nach halbieren, dann in 10 bis 15 Millimeter breite Stücke schneiden.
- Die geschnittenen Quitten in einem Topf mit Zucker und 400 ml Wasser zum Kochen bringen. Zugedeckt bei schwacher Hitze eine Stunde kochen lassen und gelegentlich umrühren.
- Zitronensaft untermischen. Den Topfdeckel in ein Tuch einwickeln und den eingewickelten Deckel auf den Topf setzen. Die Konfitüre eine Stunde bei schwacher Hitze dämpfen.
- Die heiße Konfitüre in sterilisierte Einmachgläser füllen und dicht verschließen.

Konfitüre aus ganzen Birnen

مربای گلابی درسته

Moraba e Golabi e Dorosteh

Als Dessert für fünf Personen

5 kleine Birnen
50 ml Essig
600 g Zucker
2 EL frisch gepresster Zitronensaft

- Die Birnen schälen, dabei die Stiele stehen lassen. Vom Blütenansatz aus die Kerngehäuse herauslösen, ohne die äußere Form der Früchte zu beschädigen.
- Den Essig mit 1,5 Liter Wasser in eine Schüssel geben und die geschälten Birnen 2 Minuten darin eintauchen, dann herausholen und abtropfen lassen. Der Essig verhindert, dass sich die Früchte nach dem Schälen dunkel verfärben.
- Zucker mit einem Liter Wasser und dem Zitronensaft in einem Topf zum Kochen bringen und 30 Minuten im offenen Topf köcheln lassen.
- Die Birnen zum Sirup geben und leicht weiterköcheln lassen, bis die Früchte gar sind – sie dürfen jedoch nicht verkochen. Die Kochzeit hängt vom Reifegrad der Früchte ab.
- Birnen und Sirup vorsichtig in sterilisierte Gläser mit weiter Öffnung füllen und die Gläser dicht verschließen.

Tipp Diese Konfitüre eignet sich als Dessert oder zum Dekorieren.

Zucker-Minz-Sirup

شربت سکنجبین

Scharbat e Sekandschabin

Ergibt eineinhalb Liter

1 kg Zucker
100 ml Apfelessig (5 % Essigsäure)
5 Zweige frische Minze

- Den Zucker mit 500 ml Wasser und dem Apfelessig in einen Topf geben und zum Kochen bringen. Bei mittlerer Hitze 30 Minuten offen kochen lassen.
- Die Minze waschen und gut abtropfen lassen. Zu einem Sträußchen zusammenbinden, in den Topf zum Sirup geben und 5 Minuten weiterkochen. Die Minze herausnehmen und den Sirup etwas abkühlen lassen. In eine sterilisierte Flasche füllen und dicht verschließen.

Tipp Eine Art Standard-Erfrischung im Sommer ist ein Glas *Sekandschabin-Chiar:* Zucker-Minz-Sirup mit geriebener Gurke. Dafür gibt man 2 EL Zucker-Minz-Sirup und 2 EL geriebene Gurke zu einem Glas Wasser mit zwei bis drei Eiswürfeln. Als Zwischenmahlzeit isst man Römersalat mit Zucker-Minz-Sirup. Hierfür gibt man den Sirup in eine kleine Schale und taucht die zusammengefalteten Salatblätter kurz in den Sirup.

Quitten-Zitronen-Sirup

شربت به لیمو

Scharbat e Beh Limou

Ergibt zwei Liter

1 kg reife Quitten
1 kg Zucker
100 ml frisch gepresster Zitronensaft

- Quitten waschen, trockentupfen und vierteln. Die Kerngehäuse herausnehmen und die Quitten mit einem Entsafter entsaften. Den Quittensaft mit Zucker und 500 ml Wasser zum Kochen bringen, bei mittlerer Hitze 20 Minuten kochen lassen.
- Zitronensaft untermischen und 20 weitere Minuten kochen lassen. Etwas abkühlen lassen, in eine saubere Flasche füllen und im Kühlschrank aufbewahren. Der Sirup hält sich etwa einen Monat.

Tipp Was ist herrlicher als ein kaltes Getränk an einem warmen schwülen Sommertag? Lust auf einen neuen Geschmack? Dann los! 3 bis 4 EL Quitten-Zitronen-Sirup in ein Glas geben, Wasser und ein paar Eiswürfel dazumischen, fertig ist die aromatische Erfrischung!

Tipp Hierzulande ist es oft schwierig, ausgereifte Quitten zu bekommen. Sind die Quitten nicht ganz reif, klappt das Entsaften meist nicht. In diesem Fall sollte man das geriebene Fruchtfleisch etwa 10 Minuten in sehr wenig Wasser kochen, dann durch ein feines Sieb abgießen und den entstandenen Saft wie angegeben weiterverwenden.

Gebäck und Süßigkeiten

Süßigkeiten hier, Süßigkeiten dort! Ganz egal, ob man jemanden im Krankenhaus besucht, seiner Verlobten etwas schenken will oder einfach bei Eltern, Verwandten oder Freunden vorbeikommt – immer gibt es neben Blumen und anderen Geschenken eine Schachtel Süßigkeiten. Kuchen backen Perser nur selten zu Hause, stattdessen verführen sie mit Kleingebäck aus Mandeln, Pistazien und Datteln. Am meistens gebacken wird zum Neujahrsfest. Dann wird in jedem Haushalt ein Tisch komplett mit Gebäck und Süßigkeiten zugedeckt. Da keine Perserin im Backwettbewerb mit ihren Nachbarn hinten anstehen will, duftet es kurz vor dem Jahreswechsel in den Straßen und Gassen reichlich nach Safran, Kardamom und Rosenwasser. Und jedes Mal, wenn eine frische Duftwolke aus einem Fenster weht, hat jemand eine weitere Überraschung aus dem Backofen gezogen.

Mit der einen oder anderen Süßigkeit aus diesem Kapitel kann man sicher auch einen Weihnachtsteller bereichern.

Bild links oben: Shiraz, Teehaus
unten: Shiraz, Teppichbazar

Kleine Bällchen mit Mandelfüllung

قرص خورشید

Gors e Chorschid

Für 30 bis 40 Bällchen

1 Ei
200 g Zucker
250 ml Rapsöl, Sonnenblumenöl oder ein geschmacksneutrales gutes Öl
3 EL Rosenwasser
500 g Weizenmehl
½ TL frisch gemörserter Safran (siehe Seite 21)
100 g gemahlene Mandeln
1 EL Zucker für die Füllung
1 TL Kardamompulver
50 g Pistazienstifte

- Eigelb und Eiweiß trennen. Zucker, Eigelb und Öl in einer großen Schüssel cremig verrühren. Eiweiß getrennt schneeweiß steif schlagen.
- Rosenwasser, gesiebtes Mehl und Eiweiß zur Zucker-Eigelb-Creme geben und gut vermengen. Den Safran in 1 EL warmem Wasser auflösen und unter die Mischung geben. Alles gut verrühren und zugedeckt über Nacht im Kühlschrank quellen lassen.
- Gemahlene Mandeln mit dem Zucker und Kardamom vermischen.
- Den Teig aus dem Kühlschrank holen und mit hohlen Händen und kreisender Bewegung zu walnussgroßen Kugeln formen. Die Kugeln etwas flach drücken und in die Mitte jedes Teigstücks einen Teelöffel der Mandelmischung setzen. Den Teig über der Füllung zusammendrücken und nochmals zu einem Ball formen.
- Die Bälle auf ein mit Backpapier belegtes Backblech legen. Mit einigen Pistazienstiften verzieren und im vorgeheizten Backofen bei 175 °C (Umluft) 20 Minuten backen.

Kokos-Ecken

لوز نارگیلی

Los e Nargili

Für 50 Plätzchen

500 g Zucker
1 Eiweiß
500 g Kokosraspel
1 Messerspitze frisch gemörserter Safran (siehe Seite 21)
1 EL Pistazienstifte

- Zucker in 160 ml Wasser auflösen, bei mittlerer Hitze 20 Minuten köcheln lassen, bis das Zuckerwasser etwas eindickt. Den Sirup vom Herd nehmen und abkühlen lassen. Safran hinzugeben und mit dem Rührgerät zu einer weißen, dehnbaren Masse schlagen.
- Eiweiß ebenfalls mit dem Rührgerät schaumig schlagen.
- Kokosraspel und Eiweiß zum Zuckerschaum geben und gut vermengen.
- Eine Auflaufform einfetten und die Mischung etwa eineinhalb Zentimeter hoch darin verteilen, mit der Löffelunterseite flach drücken. Mit einem scharfen Messer rautenförmig einschneiden. In die Mitte jeder Raute zwei Pistazienstifte setzen. Über Nacht im Kühlschrank ruhen lassen.
- Die Plätzchen vorsichtig aus der Form nehmen und auf einer Platte servieren.

Plätzchen mit Kardamom

برشتوک

Bereschtouk

Für 30 bis 40 Plätzchen

100 ml Rapsöl, Sonnenblumenöl oder ein geschmacksneutrales gutes Öl
400 g Weizenvollkornmehl
200 g Zucker
1 TL Kardamompulver
¼ TL frisch gemörserter Safran (siehe Seite 21)
50 g gemahlene Pistazien

- Öl in einem Topf erhitzen und das Mehl dazugeben. Bei mittlerer Hitze unter ständigem Rühren braun anschwitzen. Vom Herd nehmen und sofort Zucker, Kardamompulver und Safran unterrühren und gut vermischen.
- Die Masse maximal zwei Zentimeter hoch in eine Form füllen, die Oberfläche mit der Rückseite eines Löffels festdrücken und glätten. Gemahlene Pistazien auf die Masse streuen und abkühlen lassen.
- Die abgekühlte Masse mit einem Messer bis zum Boden der Form in einem Rautenmuster einschneiden und die Rauten auf einem Teller anrichten.

Tipp Statt Kardamom kann man Ingwerpulver benutzen – das schmeckt ebenfalls sehr gut.

Sesamkekse

شیرینی کنجدی

Schirini Kondschedi

Für 30 Plätzchen

50 g weiche Butter
100 g Zucker
2 mittelgroße Eier
50 g Weizenmehl
180 g ungeschälter Sesam
10 g schwarzer Sesam
½ TL Kardamompulver

- Alle Zutaten mit einem Schneebesen zu einem glatten Teig verrühren und 30 Minuten an einem kühlen Ort (nicht im Kühlschrank) ruhen lassen.
- Ein Backblech mit Backpapier auslegen. Mit einem Teelöffel kleine Teighäufchen im Abstand von etwa fünf Zentimetern auf das Backpapier legen.
- Die Sesamkekse im vorgeheizten Backofen auf der mittleren Einschubleiste bei 150 °C (Umluft) etwa 10 Minuten backen. Kekse abkühlen lassen.

Tipp Ein leckeres Blitzrezept, wenn unerwartet Gäste kommen.

Mandelkekse

شیرینی بادامی

Schirini Badami

Für 15 Kekse

3 Eiweiß
100 g Puderzucker
¼ TL gemahlene Vanille oder 1 Päckchen Vanillezucker
75 g Butter oder Margarine
60 g Mandelmehl oder sehr fein gemahlene Mandeln
75 g Weizenmehl

- Eiweiß steif schlagen. Gesiebten Puderzucker und Vanille oder Vanillezucker nach dem Fertigschlagen dazugeben und vorsichtig mischen.
- Die Butter oder Margarine cremig rühren. Die Eiweißmasse zur Butter oder Margarine geben und mischen. Das Mandelmehl dazugeben, nach und nach das gesiebte Weizenmehl einrühren und gut vermischen.
- Ein Backblech mit Backpapier auslegen. Mit einem Esslöffel walnussgroße Teighäufchen im Abstand von etwa fünf Zentimetern auf das Backpapier setzen.
- Die Kekse im vorgeheizten Backofen auf mittlerer Einschubleiste bei 175 °C (Umluft) 15 bis 20 Minuten backen.

Tipp Falls man kein fertiges Mandelmehl findet, kann man stattdessen Mandeln nehmen und selbst mahlen. Das geht ganz einfach: Die Mandeln für 2 bis 3 Minuten in kochendes Wasser geben, im Sieb abschrecken und etwas abkühlen lassen. Die Mandelhaut lässt sich dann einfach abziehen. Die weißen Mandeln trocknen lassen und sehr fein mahlen.

Walnusskekse

شیرینی گردویی

Schirini Gerdoui

Für 15 Kekse

4 Eigelb
100 g Zucker
¼ TL gemahlene Vanille oder 1 Päckchen Vanillezucker
1 EL Weizenmehl
200 g grob gehackte Walnüsse
1 EL sehr fein gemahlene Pistazien oder Pistazienpulver

- Eigelb und Zucker zu einer dicken, cremigen Masse schlagen. Vanille und gesiebtes Mehl dazugeben und gut mischen. Walnüsse unter die Masse heben.
- Ein Backblech mit Backpapier auslegen. Mit einem Esslöffel walnussgroße Teighäufchen im Abstand von etwa fünf Zentimetern auf das Backpapier legen. Mit der Löffelunterseite etwas flach drücken und leicht mit Pistazienpulver bestreuen.
- Walnusskekse im vorgeheizten Backofen auf der mittleren Einschubleiste bei 175 °C (Umluft) 15 bis 20 Minuten backen.

Tipp Mit diesem Rezept lässt sich überschüssiges Eigelb verwerten.

Kichererbsenplätzchen

نان نخودچی

Nan e Nochodtschi

Für 40 bis 50 Plätzchen

150 g Butter oder Margarine
150 g Puderzucker
300 g geröstetes Kichererbsenmehl
4 EL Milch
½ TL Kardamompulver
1 EL halbierte Pistazien

- Butter oder Margarine mit Puderzucker in einer Schüssel verrühren. Nach und nach Kichererbsenmehl, Milch und Kardamom dazugeben und alles gut durchkneten. Mit einem Küchentuch bedeckt 6 Stunden ruhen lassen.
- Die Arbeitsfläche mit Backpapier belegen und darauf den Teig einen Zentimeter dick ausrollen. Mit einem kleinen Förmchen Plätzchen ausstechen und in die Mitte jedes Plätzchens eine Pistazienhälfte setzen.
- Ein Backblech mit Backpapier auslegen, die Kekse mit etwas Abstand voneinander darauf platzieren. Restlichen Teig erneut ausrollen und ausstechen, bis der Teig aufgebraucht ist.
- Im vorgeheizten Backofen bei 150 °C (Umluft) etwa 10 Minuten backen. 30 Minuten abkühlen lassen, dann vom Backpapier lösen. Zu Tee oder Kaffee servieren.

Tipp Geröstetes Kichererbsenmehl ist in persischen Läden und im Naturkosthandel erhältlich. Ungemahlene geröstete Kichererbsen kann man auch in türkischen Läden oder gut sortierten Lebensmittelgeschäften kaufen und die gerösteten Kichererbsen dann mit einer Kaffeemühle selbst mahlen.

Eine Tasse Tee für jede Gelegenheit

Wenn Perser Gesellschaft suchen, fragen sie: »Wollen wir einen Tee trinken?« Wenn sie durstig sind, kochen sie einen heißen Tee – auch wenn es draußen vierzig Grad hat. Wenn sie müde sind, verlangen sie nach Tee. Tee serviert man zur Verdauung nach jedem Essen. Kommen Freunde oder Verwandte zu Besuch, bekommen sie erst einmal einen Tee. Den Preis verhandelt man im Basar am besten bei einer Tasse Tee. Tee wird bei Hochzeiten getrunken und bei Beerdigungen. Tee ist beruhigend. Tee bringt Menschen zusammen. Tee ist allgegenwärtig. Tee ist schlichtweg das Getränk!

Die Perser lieben ihren Schwarztee oft mit Zimt, Kardamom, Zitrone und manchmal auch mit Safran. Man lässt den Tee lange ziehen, gibt etwas davon in ein Glas und füllt dann nach Belieben mit kochendem Wasser auf. Traditionell serviert man Tee in kleinen Gläsern mit einer Porzellanuntertasse. Zum Frühstück wird gesüßter Tee zusammen mit Schafskäse und Brot bevorzugt. Fast immer gibt es Würfelzucker zum Tee, aber auch frische Datteln, getrocknete Feigen und Maulbeeren werden gerne dazu verspeist. Nach einer Suppe mit vielen Kräutern und Hülsenfrüchten serviert man zur Verdauung Tee mit Safrankandis *(Nabat)*.

Kokosnusskekse

شیرینی نارگیلی

Schirini Nargili

Für 25 Kekse

60 g Butter oder Margarine
75 g Puderzucker
100 g Weizenmehl
60 g Kokosraspel
Mehl für die Arbeitsfläche
Fett für das Backblech
1 EL Pistazienstifte

- Butter oder Margarine und Puderzucker mit einem Schneebesen oder einem Handrührgerät 2 Minuten zu einer weichen und lockeren Masse rühren. Das gesiebte Mehl nach und nach unterrühren und alles gut vermischen. Kokosraspel unter den Teig heben. Den Teig zugedeckt 3 bis 4 Stunden ruhen lassen.
- Etwas Mehl auf die Arbeitsfläche streuen und den Teig etwa einen Zentimeter dick ausrollen. Runde Plätzchen ausstechen (Durchmesser vier bis fünf Zentimeter). Die Plätzchen mit einem Abstand von etwa drei Zentimetern auf ein eingefettetes Backblech setzen und in die Mitte jedes Plätzchens zwei bis drei Pistazienstifte drücken. Restlichen Teig erneut ausrollen und ausstechen, bis der Teig aufgebraucht ist.
- Die Kekse im vorgeheizten Backofen auf mittlerer Einschubleiste bei 175 °C (Umluft) 15 bis 20 Minuten backen. Dann abkühlen lassen und vorsichtig vom Backblech ablösen.

Tipp Kokosnusskekse bleiben in einem luftdicht verschlossenen Behälter eine Woche lang frisch.

Walnussröllchen

باسلق

Basslog

Für 15 Röllchen

150 g Walnusshälften
150 ml Rosenwasser
150 g Weizenstärke
200 g Zucker
1–2 EL Butter
1 TL Kokosraspel oder Puderzucker

- Mit einer Nähnadel einen Faden durch die Walnusshälften ziehen: Die flach liegenden Walnusshälften durchbohren und auffädeln.
- 300 ml kaltes Wasser und das Rosenwasser in einen Topf geben. Die Speisestärke nach und nach, unter ständigem Rühren mit einem Schneebesen, hinzufügen und alles zum Kochen bringen. Zucker dazugeben und weiterrühren. Bei schwacher Hitze und unter ständigem Rühren zu einer klaren, dicken Masse kochen.
- Die Butter dazugeben und alles so lange kochen und verrühren, bis sich die Masse vom Topfboden löst.
- Den Topf vom Herd nehmen und etwas abkühlen lassen. Arbeitsfläche mit Backpapier belegen und mit Kokosraspeln oder Puderzucker bestreuen. Darauf die Teigmasse einen Zentimeter dick zu einem Rechteck ausrollen. Die Längsseite des Rechtecks sollte so lang wie das Walnussband sein.
- Das Walnussband auf die Längsseite des Teiges legen und den Teig mithilfe des Papiers fest um das Walnussband zusammenrollen. Zum Schluss die Teigränder fest zusammendrücken.
- Die Rolle 8 Stunden im Kühlschrank auskühlen lassen. Den Faden herausziehen. Die Rolle mit einem scharfen Messer in drei bis vier Zentimeter lange Stücke schneiden und auf einem Teller servieren.

Tipp Statt Wasser und Zucker kann man frischen Traubensaft verwenden.

Dattel-Sesam-Konfekt

خرما کنجدی

Chorma Kondschedi

Für 40 bis 50 Konfektstücke

160 g Butter oder Margarine
100 g Zucker
1 Ei
110 ml Milch
400 g Weizenmehl
500 g frische schwarze Datteln (siehe Tipp Seite 153)
150 g Walnusshälften
Mehl für die Arbeitsfläche
200 g Sesam

- Butter oder Margarine und Zucker mit einem elektrischen Handrührgerät oder einem Schneebesen schaumig rühren.
- Das Eigelb vom Eiweiß trennen. Eigelb zur Butter-Zucker-Creme geben und weiter zu einer hellgelben Masse schlagen.
- Die Milch zugießen. Das Mehl sieben, nach und nach auf die Masse geben und vorsichtig unterheben. Mit der Hand alles zu einem glatten Teig verkneten.
- Datteln entsteinen und jeweils eine Walnusshälfte in eine Dattel setzen.
- Den Teig auf der mit Mehl bestreuten Arbeitsfläche zu einer fünf Millimeter dünnen Schicht ausrollen.
- Den Teig in sechs Zentimeter große Quadrate schneiden. In die Mitte jedes Teigstücks eine gefüllte Dattel setzen. Die Datteln mit dem Teig einwickeln.
- Eiweiß etwas glatt rühren. Die Teigstücke in das Eiweiß tauchen und in Sesam rollen. Das Konfekt auf ein mit Backpapier belegtes Backblech legen und im vorgeheizten Backofen auf mittlerer Einschubleiste bei 175 °C (Umluft) 30 Minuten goldbraun backen.

Mandel-Kardamom-Taschen

قطاب

Gotab

Für 20 Taschen

75 g Butter
2 Eigelb
100 g Joghurt (3,5 % Fett)
250 g Weizenmehl
1 TL Backpulver
Mehl für die Arbeitsfläche
200 g Puderzucker
200 g gemahlene Mandeln
2 TL Kardamompulver

- Butter cremig rühren. Eigelb cremig schlagen und mit dem Joghurt mischen, dann mit der Butter vermengen. Das gesiebte Mehl mit Backpulver mischen, nach und nach zur Butter-Eigelb-Creme geben und zu einem glatten Teig verkneten. Den Teig abdecken und 2 bis 3 Stunden im Kühlschrank ruhen lassen.
- Teig auf der leicht bemehlten Arbeitsfläche zu einem dünnen Rechteck ausrollen. Mit einer Ausstechform oder einer Tasse runde Plätzchen ausstechen (Durchmesser sechs bis sieben Zentimeter). Restlichen Teig erneut ausrollen und ausstechen, bis der Teig aufgebraucht ist.
- 150 Gramm Puderzucker mit den gemahlenen Mandeln und dem Kardamompulver mischen. Jeweils einen Teelöffel dieser Mischung auf die eine Hälfte eines Plätzchens setzen, die andere Hälfte darüberklappen und den Rand mit einer Gabel fest zusammendrücken.
- Die Mandeltaschen auf ein mit Backpapier belegtes Backblech legen und im vorgeheizten Backofen bei 150 °C (Umluft) 30 Minuten backen. Aus dem Ofen nehmen und kurz abkühlen lassen. Mit dem restlichen Puderzucker bestäuben.

Reiskekse mit Rosenwasser

نان برنجی

Nan e Berendschi

Für 20 Kekse

75 g Puderzucker
100 ml Rapsöl, Sonnenblumenöl oder ein geschmacksneutrales gutes Öl
1 Ei
250 g Reismehl
1 TL Kardamompulver
1 Prise Salz
4 EL Rosenwasser
1 EL schwarzer Sesam

- Zucker und Öl cremig rühren, dann das Ei hinzufügen und weiter zu einer klebrigen Masse verrühren.
- Reismehl, Kardamompulver und Salz dazugeben und alles gut vermengen. Das Rosenwasser untermischen. Dann den Teig abdecken und 24 Stunden im Kühlschrank ruhen lassen.
- Anschließend den Teig mit hohlen Händen und kreisender Bewegung zu walnussgroßen Kugeln formen. Die Kugeln etwas flach drücken und jeweils eine Prise schwarzen Sesam in die Mitte eines Teigstücks streuen. Ein Backblech mit Backpapier auslegen, die Reisplätzchen daraufsetzen und im vorgeheizten Backofen bei 175 °C (Umluft) 15 bis 20 Minuten backen. Die Plätzchen dürfen nicht braun gebacken werden.

Tipp Man kann auch ½ EL Safran in etwas Rosenwasser auflösen und unter den Teig rühren – das ergibt dann goldgelbe Reisplätzchen.

Würzige Frühstücksbrötchen

فطير

Fatir

Für sechs Brötchen

1 Päckchen Trockenhefe oder ½ Würfel frische Hefe
100 g Zucker
500 g Weizenvollkornmehl
½ TL Salz
100 ml Rapsöl, Sonnenblumenöl oder ein geschmacksneutrales gutes Öl
5 EL Milch
75 g grob gehackte Walnüsse
1 TL Zimtpulver
1 TL Kardamompulver
Mehl für die Arbeitsfläche
1 Eigelb
2 EL Sesam

- In einer Schüssel die Hefe und 2 EL Zucker in 100 ml lauwarmem Wasser auflösen, 4 EL Mehl dazurühren. Diesen Vorteig an einem warmen Ort 10 Minuten abgedeckt gehen lassen.
- Das restliche Mehl, Salz, 2 EL Zucker und das Öl dazugeben. Milch hinzufügen und alles zu einem geschmeidigen Teig verkneten. Den Teig abdecken und 2 Stunden an einem warmen Ort gehen lassen.
- Walnüsse, Zimt, Kardamom und den restlichen Zucker mischen.
- Den Teig in zwölf Portionen teilen. Jede Portion auf der bemehlten Arbeitsfläche zu einer runden, einen Zentimeter dicken Teigplatte ausrollen. Auf sechs der Teigstücke jeweils zwei Esslöffel der Nussmischung verteilen. Jeweils eine Teigplatte ohne Nussmischung darüberlegen und die Teigränder zusammendrücken.
- Das Eigelb cremig schlagen und mit einem Pinsel auf die gefüllten Brote streichen. Dann mit Sesam bestreuen.
- Die gefüllten Brote auf ein mit Backpapier belegtes Backblech legen und auf mittlerer Einschubleiste im vorgeheizten Backofen bei 175 °C (Umluft) 20 Minuten backen.

Sima Dourali

Die Autorinnen

Persische Rezepte werden seit Generationen von den Müttern an ihre Töchter weitergegeben. Sobald die Tochter in der Lage ist, einen Kochlöffel zu halten, beginnt die Mutter mit der Unterweisung. **Sima Dourali** wurde von ihrer Mutter in der alten Königsstadt Isfahan erstmals in die Geheimnisse der persischen Küche eingeweiht und lernte von ihr viele zentraliranische Rezepte kennen. Da der Vater aus dem Süden des Landes stammt, war sie bald auch mit den dort etwas schärferen Speisen vertraut. Ihr Spektrum erweiterte sich, als die Familie nach Teheran zog, wo ihre Schwester **Soodabeh** zur Welt kam.

Die beiden Schwestern sammelten in der persischen Metropole bei Tanten und Freundinnen Rezepte aus allen Regionen des Landes und tauschten sie während ihres Chemiestudiums mit anderen Frauen rege aus.

Soodabeh Durali-Müller

Sima Dourali arbeitete zunächst als Chemikerin bei einem persischen Lebensmittel- und Kosmetikhersteller, bevor sie vor über 30 Jahren nach Düsseldorf kam. Dort absolvierte sie unter anderem ein Pädagogikstudium. Soodabeh Durali-Müller arbeitete mehrere Jahre am iranischen Nationalmuseum und zog 2001 nach Deutschland, um an der Universität Frankfurt in analytischer Chemie zu promovieren. Sie ist mit einem Deutschen verheiratet und lebt in Frankfurt am Main.

Beide Schwestern verbindet eine besondere Liebe zur persischen Küche. Auf ihren vielen Reisen in ihre Heimat entdecken sie immer wieder neue Rezepte, die sie gelegentlich auch bei großen Anlässen wie Hochzeiten und Neujahrsfeiern ausprobieren.

Rezeptindex

Bild rechts: Kokos-Ecken

Vegetarisch kochen – international

Gertrud Dimachki:
Vegetarisches aus 1001 Nacht
ISBN: 978-3-89566-169-3

Abla Maalouf-Tamer:
Vegane Köstlchkeiten – libanesisch
ISBN: 978-3-89566-284-3

Katrin Eppler:
Vegetarisch kochen – türkisch
ISBN: 978-3-89566-271-3

Heike Kügler-Anger:
Französisch vegetarisch
ISBN: 978-3-89566-374-1

ISBN: 978-3-89566-379-6

Rheinstraße 35, 64283 Darmstadt
www.pala-verlag.de

Bildnachweis:
Foto S. 184: Hojabr Riahi
Foto S. 189: Sima Dourali
alle anderen Fotos (auch Buchumschlag): Thomas Müller
alle Illustrationen (auch Buchumschlag): Margret Schneevoigt

Landkarte: Ingrid Keller

Lektorat: Angelika Eckstein

Druck und Bindung: Beltz Grafische Betriebe GmbH, Bad Langensalza
www.beltz-grafische-betriebe.de
Printed in Germany

Gedruckt auf
100% Recyclingpapier